ESSAI

SUR LES

HIEROGLYPHES

OU

nouvelles lettres sur ce sujet.

Avec Figures.

A WEIMAR

AU BUREAU D'INDUSTRIE.

1804.

Premiere Lettre.

Le 22. Septembre 1803.

Après vous avoir adressé, l'année dernière, une lettre sur les Hiéroglyphes, j'ai attendu, Monsieur, avec une impatience égale à la vôtre la publication de l'inscription, en ces caractères, du monument de Rosette. Mon attente a été vaine. Le motif d'un retard aussi prolongé est difficile à concevoir, s'il n'est fondé sur de justes espérances de pouvoir accompagner cette inscription d'une explication raisonnée des caractères qu'elle contient. Dans ce cas, encore un apperçu sur leurs principes et quelques exemples bien prouvés de leur emploi, pourront ne pas être indifférens à ceux qui s'occupent de cet objet. Il appartient à un ouvrage étendu de présenter l'ensemble de tout le système, dévoilé, selon moi, et prouvé sans réplique par le nom seul d'une divinité égyptienne: ensemble surprenant dans toutes ses parties, et dont j'ai trouvé mille indices, mais dont le moindre détail serait déplacé dans une lettre. Je ne puis consigner ici que les premières observations vagues qui ont amusé quelquesuns de mes momens de loisir. Puissent-elles attirer votre attention sur un objet qui en est digne.

Je l'appellerai encore sur l'écrit célèbre où Plutarque a traité de la religion de l'Egypte, et dont la confusion même apparente est jusqu'ici un des meilleurs commentaires des hiéroglyphes. Cet écrivain les commente plus directement en rappelant que les Egyptiens représentaient la nature du monde par un certain triangle; en analysant cet exemple d'une application antique de la géométrie à la métaphysique, à laquelle s'exercerent Platon et les Pythagoriciens; en revenant à chaque instant sur la méthode et les symboles de ces derniers pour éclaircir ceux des Egyptiens qu'il dit en avoir été les modèles; en confondant constamment les principes et en ajoutant, à propos de certains symboles géométriques et numériques des dieux, que cela ressemble à ce qu'on voit sculpté aux temples de l'Egypte, en images ou en lettres qui l'indiquent.

Cela suffirait déjà pour nous inviter à chercher dans le peu que nous connaissons des Pythagoriciens, un de ces secours pour l'éclaircissement des hiéroglyphes, qui d'ailleurs nous sont offerts dans les usages et les Mystères des nations. Mais Jamblique nous y oblige plus fortement encore. Il affirme que la méthode d'enseignement, adoptée par Pythagore à son retour de l'Egypte, étoit celle-même d'après laquelle il avoit été instruit dans ce pays. Ses compatriotes n'entendaient rien à ce mode inusité. Il ne trouva d'abord aucun disciple. Jamblique entre en détail sur les études toutes mathématiques du jeune homme qui voulait bien prendre les leçons de ce philosophe au prix de trois oboles qu'il recevait de son maître pour chaque figure apprise, ou chaque *Scheme*, ὁ εστι δια γραμματος: ce qui semble même déceler le nom et la valeur des lettres, donnés à ces figures qui servaient aux démonstrations. La correction conjecturale qu'on a prétendu faire en mettant en marge δια γραμμων, par lignes, pourrait bien être erronée. On sait au reste que les

Pythagoriciens, pour qui la géométrie faisait partie de la doctrine secrète, employaient de certaines lettres mystiques qu'on a définies exactement par les termes dont Apulée fait usage pour décrire des hieroglyphes. On sait que nos chiffres numériques étoient du nombre, et que ces chiffres reviennent partout parmi les hiéroglyphes d'Egypte.

Porphyre et tous ceux des anciens qui ont parlé de Pythagore, conviennent de l'origine égyptienne de sa doctrine et de sa méthode de l'exprimer par divers symboles, par nombres et par figures géométriques, dont les démonstrations ne furent communiquées qu'à des initiés, distingués par le nom de mathématiciens. Les mêmes écrivains offrent des exemples et des développemens de cette méthode. Proclus en l'adoptant avec les allégories géométriques de la Secte, ou en proposant de nouvelles formules sur les mêmes principes; Théon de Smyrne en écrivant un ouvrage mathématique pour servir à l'intelligence de la doctrine égyptienne de Platon; Nicomaque, Jamblique qui le commente, plusieurs autres donnent des lumières dont on peut profiter. Partout on trouve des indices, des fragmens de tout le système, assez considérables pour faire espérer de pouvoir le rétablir. La nature du premier genre élémentaire d'hiéroglyphes, dont parle Clément d'Alexandrie, sera du moins éclaircie par leur secours, de manière à ne laisser guéres de doutes. Le même père de l'église écarte déjà ces doutes, et définit assez le parti égal qu'on tirait des figures géométriques et de celles des animaux, quand il dit que l'Ibis parmi ces derniers, et parmi les cercles ce qu'il appelle l'oblique, semblent avoir fourni aux Egyptiens le principe, l'élément ou la base du nombre, de la mesure et de la pensée, ou de ses conceptions et des souvenirs qu'il place entre deux. *) Encore Plutarque observe-t-il sur l'Ibis choisi pour première lettre, qu'il présentait un triangle par ses jambes et son bec; remarque qui fait connaître le motif de ces étranges attitudes si souvent données aux figures à corps humain.

Malgré ces témoignages, il parait que les caractères ou les tableaux proprement nommés symboliques ont été les seuls reconnus. Mais tous ont égalcment besoin d'être eclaircis. On trouve des lumières générales dans l'usage presque universel du genre humain, à de certaines époques. De plus particulières sont contenues dans les symboles des peuples qu'on sait les avoir empruntés de l'Egypte. Leurs principes néanmoins, leur application étendue au culte et aux sciences ne se manifestent nulle part aussi bien que dans le langage des oracles, dans le secret des sanctuaires et de la même école Pythagoricienne. C'est là que dans le silence d'un long noviciat et environné de symboles, on apprit à en pénétrer le sens profond, à apprécier la valeur de ces moyens d'expression, seuls permis en attendant qu'on fut en état de soutenir un discours dans les termes mystérieux qui en furent l'équivalent en langue parlée. Car Jamblique dit positivement qu'un tel langage était adopté par la Secte.

C'était une pareille langue qui en Egypte obtint le nom de sacrée: la langue des prêtres que Pythagore avait apprise avec les Symboles. On l'appellait aussi Atlantique, et Ammonéenne d'un nom commun aux hiéroglyphes, à des peuples ou tribus et à l'Afri-

*) Stromat. V. ἀριθμοῦ γὰρ ἐπινοίας καὶ μέτρου μάλιστα τῶν ζώων ἡ ἦβις ἀρχὴν παρεχῆσθε τοῖς αἰγυπτίοις δοκεῖ ὥς τῶν κύκλων Λόξος. L'emploi ici du ἀρχὴ et toute cette expression m'ont paru bien remarqnables.

que entière. Josephe en écrivant contre Appion l'appelle langue sacrée; et si je ne me trompe, c'est aussi lui qui définit cette langue sacerdotale en disant que nombre de ses mots étaient pris des noms des dieux et des animaux sacrés, et devaient être expliqués par la théologie physique. Jamblique parait aussi la désigner, en même tems qu'il donne l'idée la plus juste des hiéroglyphes, quand il insinue que ces Symboles n'étaient dans leur origine que l'expression en Sculpture ou dessins de la manière de parler primitive des pères de la nation: langage rempli d'images et d'énigmes chez les anciens Egyptiens, comme chez tous les peuples sauvages qui les transmettent également en écriture symbolique. Il développe ailleurs cette opinion. En parlant de la méthode d'enseigner par symboles, il dit que ce caractère, (χαρακτηρ) le plus ancien de tous, avait été en usage chez presque tous les Grecs, et particulièrement cultivé par les Egyptiens que Pythagore imitait. Plus d'une fois en parlant de ses énigmes et de ses gryphes semblables aux apophtegmes, il revient sur l'archaïsme de ce caractère.

On a des exemples de ce langage dans le mot Hycsor ou hacsor qui dans les langues sacrée et vulgaire de l'Egypte, avait les sens opposés de roi-pasteur et de captif; dans les dénominations de vin, de fer et de sel, appelés sang des géans, os et écume de Typhon. Aristote avait recueilli quelques autres expressions. La mer nommée sueur de la terre par Empedocle, était appelée larme par les Pythagoriciens, les ourses du pôle, les mains de Rhée; les pléyades, la lyre des Muses; les planètes, chiens de Proserpine. Des plantes avaient des noms connus aussi extraordinaires.

Tout cela ressemble parfaitement au style des oracles, aux

chants Orphiques, aux lettres Ephésiennes et à la langue des anciens poëtes du Nord. Cela a aussi bien des rapports au langage factice de ces vagabonds qui sous une figure Egyptienne sont connus en plusieurs pays de l'Europe sous le nom même de ce peuple. On sait qu'en employant les mots des langues de chaque pays, ils en changent arbitrairement le sens à la manière des sauvages américains, et leur en donnent un convenu entre eux. Tel était l'usage parmi leurs prétendus ancêtres de l'ordre sacré, et qui l'avaient communiqué aux oracles, aux hiérophantes et aux poëtes sacrés de laGrèce.

Je crois que c'est dans un tel langage, modèle des hiéroglyphes qui l'exprimaient à leur tour, qu'on doit lire d'abord ces caractères en prononçant les noms des objets de toute espèce qu'ils présentent. Il en résultera des morceaux dans le même style que les hymnes de la Grèce idolâtre, ou de la primitive église chrétienne adressant à la divinité les titres d'épervier multiforme, dieu à pied de boeuf, saint taureau! ou les noms de frein et de mors, plume, aîle, gouvernail, fourche, onde, fontaine, lait, chemin et traces, lumière, temps infini, parole, enfant, roi, berger, pêcheur, laboureur: tous les noms, en un mot, des instrumens que portent les idoles égyptiennes, ou des objets qui les désignent dans les inscriptions hiéroglyphiques. Ces derniers exemples sont empruntés d'une seule petite hymne chrétienne, conservée dans les oeuvres de St. Clément et toute composée de pareilles choses qu'on n'a qu'à dessiner pour former une inscription en hiéroglyphes des plus classiques. St. Augustin en emploie un des principaux et il discute même le motif symbolique, quand il donne le nom de bon Scarabée à Jesus-Christ, aussi dénommé agneau, lion, vermisseau, cep de vigne et pierre. C'est un pareil langage qu'on retrouvera en lisant les hiéroglyphes tels qu'ils se présentent; ou avec Phérécyde on lira que dieu est le cercle, le carré et le triangle, la ligne et le point. On lira avec les anciens Egyptiens et Horapollo, 1095; quatre; seize; et seize, seize, aulieu de silence, année, volupté et jouissance nuptiale. On lira, en un mot, la langue figurée que Jamblique dit avoir été la manière de parler des premiers habitans de l'Egypte: langue conservée ensuite par le Clergé, et adoptée par leur disciple Pythagore donnant le nom de toute chose aux nombres et aux figures géométriques; ou ce qui revient au même, désignant toute chose par ces nombres et ces figures. On retrouvera aussi la langue de la bible, ses types et ses paraboles. On n'a qu'à chercher leurs significations dans ses dictionnaires exégétiques, où l'ébauche d'un vocabulaire hiéroglyphique est toute faite.

D'un autre côté, ce que je viens d'exposer semblerait diminuer l'espoir de retrouver dans les débris de l'ancienne langue égyptienne un secours utile pour l'intelligence des hiéroglyphes. Mais on ignore encore combien de mots du langage primitif, sauvage, qui partout sont composés des mêmes images, ont pu rester dans la langue sacrée sans varier de sens; on ignore si après tant de nouvelles révolutions, l'acception des mots dans celle-ci n'a pas repassé souvent dans la vulgaire. Enfin un passage de Manéthon, célèbre par les critiques qu'il a subies, nous promet une consolation inattendue. Cet écrivain cité par Eusèbe, a dit qu'après le déluge les saints caractères du dialecte sacré ont été traduits de cette langue sacrée en Grec par des caractères sacrés. On s'est beaucoup récrié sur la traduction d'une langue en une autre dans des caractères qu'on a crus n'exprimer aucune langue particulière, et surtout dans la Greque qui n'existait point à l'époque que Manéthon semble vouloir désigner. Mais tout devient clair s'il a voulu dire, comme il est vraisemblable, qu'on substitua aux caractères exprimant la langue antidiluvienne, toute énigmatique et devenue sacrée, d'autres hiéroglyphes imitateurs du langage vulgaire, comme dit Porphyre, ou qui répondaient à ses termes et à ses images, à la manière ordinaire de s'exprimer. C'est-là ce qui constitue l'essence d'une langue, et non pas les sons qui en revêtent les formes. C'est-là ce que Manéthon appelait Grec, peut-être parcequ'il s'adressait à son Souverain d'origine greque et que la langue des conquérans devait être regardée par le peuple soumis comme modèle des langues populaires; ou plutôt peutêtre par opposition au sacré, par la même raison que la Bible emploie le mot de Grecs par opposition à celui de fidèles, sans désigner par là la nation particulière connue sous ce nom.

Il n'y a donc pas lieu de désespérer d'aucune des immenses ressources offertes par toute l'antiquité pour parvenir à la connaissance des caractères sacrés qui renferment son énigme. Des tableaux énigmatiques, des figures tropiques ont toujours été employés. Mais un grand nombre d'images et de Symboles, géométriques et autres, répondaient à ceux qui se conservaient dans la langue commune; comme il s'en conserve dans le français si éloigné de ses sources. Observez, s'il vous plait, que le peuple français dit *point*, pour désigner ce qui n'est pas, de la même manière que le dénote le point mathématique: point d'où furent tirées les lignes de la matière; dont fut créé le monde dans le langage Egyptien. Les Grecs aussi employaient le mot centre pour point, tandis que le nom des élémens d'une signification si étendue dérive du verbe *marcher en ordre* et de ϛοιχοσ, ligne, rang et leurs analogues. Les Français en ont saisi un, en appelant *lignées* les branches d'une famille dans leur rapport de descendance d'une même souche. Vous voyez que l'image géométrique est ici expliquée par des figures qu'on peut nommer physiques, et que la langue n'offre guères d'autres moyens d'expression. Par un autre usage commun aux langues de désigner les choses par les figures qu'elles présentent, on dit ligne pour désigner le fil de l'hameçon avec lequel on pêche à la ligne: ce qui en allemand s'appelle *angeln*, soit de l'hameçon que sa figure a fait apeller *angel*, soit que les deux nations aient saisi chacune sa partie du tableau que la chose présente.

Ce n'était pas autrement; ce n'était jamais qu'en images bien simples et corporelles que les peuples employaient d'abord, dans leurs langues parlées ou exprimées par l'ouvrage de leurs mains, la ligne, l'angle, le carré, le cercle, toutes les figures géométriques qui se trouvent dans la nature, qui dessinent toutes les formes, et dont des sauvages traçaient et employaient les copies avant que des géomètres s'en emparassent pour en faire usage dans leur science. Plus ces sauvages étaient bornés dans leurs idées et dans leurs moyens pour dessiner les choses; plus ils en désignaient un grand nombre par des noms communs, par les traits généraux, les premières lignes des figures que chaque objet présente; plus aussi ils se servaient de ces mêmes lignes pour exprimer leur peu d'idées abstraites qui ne pouvaient s'offrir à eux que sous des formes corporelles. Le même homme qui appella ligne une partie de son instrument de pêche, et qui peut-être même a prêté son nom à la ligne géométrique, dénomma lignées de générations qu'il se représenta comme rangées sur des lignes tirées d'un point quelconque.

De même que les sauvages, les barbares et les enfans: les Egyptiens avaient simplifié, et sans doute dès les premiers temps, les formes des objets, dans les copies qu'ils en traçaient. De simples lignes perpendiculaires représentaient des dieux, comme elles représentaient des guerriers dans l'écriture américaine. Les figures de tous les objets visibles; celles de l'homme et des animaux dans des attitudes différentes; celles de leurs membres, des plantes et des instrumens de toute espèce; toutes les formes en général étaient rendues souvent par de lignes qu'on peut appeller élémentaires, ou les élémens de ces formes. Ces noms et ceux qu'on donnait aux lettres se confondaient même probablement dans la langue Egyptienne, comme dans le Grec. Ainsi désigner les élémens, les principes d'une chose, ou en tracer les lignes revenait au même.

Les hiéroglyphes ainsi formés, ces lignes indicatrices et élémentaires étaient nommées lettres. Plutarque en parle sous ce nom. Ils paraissent avoir eu un son par le nom des choses qu'ils désignaient et ils décèlent l'origine d'un premier alphabet, celui de l'Egypte ayant en effet adopté plusieurs de ces figures élémentaires: caractères universels puisqu'ils sont des images qui en toute langue sont applicables à tout, et des images désignant des qualités aussi universellement répandues.

Ce sont ces caractères que Clément d'Alexandrie dit avoir constitué le premier genre de hiéroglyphes, l'écriture kuriologique, propre ou représentative par les premiers élémens: *δια των πρωτων ϛοιχειων κυριολογικη*; paroles dont le sens si particulièrement fixé à l'époque et dans l'école de Clément d'Alexandrie ne semble pas avoir du permettre aux savans de divaguer si étrangement pour le méconnaitre. Les serpens qui représentaient ces élémens dans les temples, suivant Eusèbe; les démons que le Testament de Salomon introduit parlant d'eux-mêmes dans ces termes: ἡμεις ἐσμεν τα λεγομενα ϛοιχεια, ὁι κοσμοκρατορες etc. l'expression célèbre *d'élémens du monde*, tant d'autres exemples auraient dû faire soupçonner aumoins, dans les élémens de Clément et de Sanchoniaton, ces élémens du monde et ces astres qui représentaient des principes plus élevés et primordiaux. Aussi avaient-ils des signes communs avec eux dans l'écriture, et d'un autre côté aussi communs avec les choses du monde sublunaire. Les marques communes des planètes et des métaux attestent encore aujourd'hui ce fait.

Il est très-remarquable que le savant Docteur de l'église met une distinction dans les mots mêmes qui désignent le premier genre des hiéroglyphes comme rendant les choses au propre, et la première espèce symbolique comme imitant les objets qu'elle représente au propre par leurs copies. Il semble accorder au premier genre le titre de vrai *maître-discours*, écriture vraiment réelle qui, servant dans les Mystères à la contemplation intime des époptes, montrait les choses telles qu'elles sont véritablement, ou dans leurs principes et formes éternelles; tandis que les symboles imitatifs ne montraient que les formes extérieures, périssables de ces choses: formes regardées elles-mêmes comme de simples symboles de l'essence des choses qu'elles revêtaient. Vous savez qu'une telle distinction et ce langage étaient aussi familiers à Alexandrie que peuvent l'être parmi nous la distinction entre le bon et le mauvais tems et les intéressans entretiens qui la regardent.

La premiere distinction est observée dans la plupart des monumens et des plus anciens, qui offrent des tableaux symboliques constamment accompagnés de caractères linéaires, tantôt remplaçant les symboles énigmatiques des dieux par les figures géométriques qui les représentent; tantôt retraçant par de simples lignes et des figures rectilignes, les formes des choses mêmes, des membres humains ou d'autres objets que les Symboles imitent tels qu'on les voit. Les figures de géométrie, auxquelles en effet les formes des choses peuvent être réduites, étaient censées leurs prototypes et représentatives de leur essence. Ceci est surtout observé en toute représentation d'idée religieuse et métaphysique. Les bras actifs, ou ouverts pour cueillir, pour recevoir; la main bienfaisante; les jambes en mouvement; quand ces membres ne représentent que par des images le mouvement en général, le changement de place, l'action des dieux, la reception dans leurs bras ou toute action intellectuelle; ne sont de même tracés que dans les formes pour ainsi dire intellectuelles de ces membres. Cette pratique m'a paru constante dans les hiéroglyphes mixtes. Elle offre un avantage qu'on ne trouve point dans les langues parlées, dans lesquelles on *embrasse* une opinion comme on embrasse sa maitresse, ou dans lesquelles, comme dans une langue du Nord, on donne le même signe à un livre et à un hêtre, parceque les premiers livres étoient des bâtons et des tablettes de bois de hêtre.

Vous verrez qu'on ne parle qu'en hiéroglyphes du matin au soir sans le savoir, ou dumoins quand on s'apperçoit de l'image corporelle, sans savoir lui donner un caractère spirituel bien défini. Vous voyez aussi, je pense, le vrai sens de ces élémens primordiaux par lesquels on écrivait au propre et représentait les vraies formes des choses, dont on cherchait d'ailleurs les types dans les cieux supérieurs. Il est vrai qu'on s'arrêtait, chemin faisant, au ciel des astres et parmi ces étoiles, dans lesquelles des sauvages américains reconnaissent aussi les modèles uniques et premiers, les représentans protecteurs de chaque être et de chaque chose.

Cette opinion primitive était indubitablement conservée dans l'Egypte civilisée. En partant de-là, et de la pratique du dessin abrégé aussi antique, les savans égyptiens, qui devaient former la grammaire de la langue des signes et chercher ses principes, s'élévèrent aux principes même universels des choses que ces signes représentaient; aux formes premières et modèles de celles des choses qu'ils imitaient; à la mesure et au nombre par lesquels Dieu créa toute chose et l'univers. Leur maxime était que les élémens ou principes géométriques étaient les vraies formes premières; et ces principes furent confondus par le nom même avec les principes des choses qu'ils représentaient. Ils pensaient aussi que les figures géométriques définissent toute forme et toute chose qui en a une et une mesure, réelle ou par image, comme les nombres définissent tout ce qui est l'objet du calcul. *) On voit où tout cela devait les conduire. Leurs symboles furent summis aux loix de la création.

Mais si l'ordre sacré de l'Egypte et l'école pythagoricienne, son imitatrice, attachaient de cette manière les idées les plus rélevées à ces représentations, et s'ils démontraient le sens de leurs lettres sacrées comme on fait la demonstration d'un théorême mathematique, les noms d'images, de similitudes restaient cependant toujours

*) Οντα καὶ τα ειδη παντων οριστικὰ εστι, καὶ μετρικὰ. Théon de Smyrne.

à ces figures, à ces moyens d'expression. Jamais les Pythagoriciens ne leur en donnaient un autre. On s'en servait même probablement comme de simples signes de convention; et peut-être pourra-t-on apprendre à les connaître de même, comme on apprend toute autre langue et comme on se sert de ses mots, sans s'embarrasser de leur origine. Les mots s'égarent souvent. L'on ne sait d'où ils viennent, ni où ils vont se perdre.

Permettez que j'en cite un exemple, en m'abandonnant pour un instant à une digression étymologique d'un genre nouveau. Les angles divers du triangle et du carré représentent, en hiéroglyphes, différentes divinités, les ministres de dieu, les bras du tout-puissant, aussi denommés les bras du monde; et le bras plié, souvent répété, parmi ces caractères, se trouve tantôt dessiné dans toutes ses formes; tantôt tracé par les seuls lignes formant un rectangle, dont le nom Grec dérive, dit-on, de αγκων, proprement l'angle du bras plié. J'ai lu quelque part que le nom des anges, αγγελοι, a une semblable origine; qu'ils étaient censés les liens, les noeuds des choses et de leurs raisons: et il est remarquable que l'oracle donnait aux angles les nom de noeuds. Festus dit que les dieux et les déesses étaient anciennement nommés *anculi* et *anculae;* et *anculare* est un synonyme antique de *ministrare.* Les langues des Grecs et des Romains auraient ainsi représenté ces êtres intermédiaires entre dieu et l'homme de la même manière que la langue égyptienne de signes. Il est aussi à propos d'observer que le nom de noeud est donné par les Cabbalistes au *vau* dans le nom de Jéhovah, et dont la figure angulaire est un hiéroglyphe déjà connu. Le même rapport se trouve entre les mots ange et angle dans les langues du Nord et du Midi de l'Europe. Le nom ange en anglais, *angel*, signifie ainsi écrit en Suèdois, angle. De même en français, le nom grec de l'équerre, qui en effet représentait des esprits célestes, et devenu le signe de certains esprit supposés, *gnomes* et *gnomoïdes*.

Toutes les langues sont remplies de pareils exemples de sens partagés d'un même mot, et qui sont surtout faciles à saisir dans celles d'une même origine. Le mot *créature* désigne dans une langue ce qui à été créé, dans une autre les bêtes seules, revêtues par-là du signe de toute la création qu'elles représentaient dans le systéme symbolique de l'Egypte. Le mot *tall* a gardé en Suédois sa signification premiere de Pin, tandis qu'il a pris en Anglais le sens de haut, parceque le Pin, l'arbre le plus élevé de forêts septentrionales, était l'image de la hauteur. Le mot *god* est en anglais, dieu; en Suédois, bon. Le mot prononcé *goud* dans les deux langues est au contraire en anglais, bon; en Suédois, dieu. C'est toujours le même mot. Car on appellait dieu bon; comme en Egypte, où un serpent non nuisible devint à cause de cette qualité, le signe de bon en général auquel il donna son nom, et obtint ensuite, à cause de ce nom, le droit de représenter le dieu bon, le bon par exellence. Cette observation sur la migration des mots et la transmutation de leurs sens, est plus importante qu'on ne pense. Elle s'étend aux langues orientales qui ont des rapports avec l'ancien Egyptien, comme l'a prouvé l'illustre Barthélémy, et dont elle pourra éclaircir la liaison avec la langue sacrée, en répandant bien des lumières sur l'expression de l'une et de l'autre en hiéroglyphes.

L'examen de nos langues vivantes éclaicira également la nature de ces caractères, même des géométriques; et pour revenir aux mots de la langue française qui y correspondent, le cercle en a fourni un grand nombre. Il conserve toute sa forme dans les mots *circonstance*, *circonscrit*, *circonspect*, *circonvenir*, *circulation* de l'argent, dans plusieurs autres et dans le *circum circa* populaire. C'est l'horizon qui le premier offrit à l'homme cette image qu'on voit partout reproduite. Il suffit de rappeller le sens du verbe carrer, et se carrer. L'unique pour excellent; le duel pour combat, et qui répond à l'emblême antique du combat, le duèl ou nombre deux; le mot intrinséque qui parait emprunté de la géométrie mystique; ceux de juste, droit, inclination, écart, excès, aigu, travers, tortueux, comparé, concentré: mille et mille mots se présentent, des signes d'abstraction qui ne peuvent être mieux dessinés que par des figures géométriques auxqelles ils répondent exactement, et par lesquelles j'ai des preuves positives qu'ils ont éte rendus dans ces hiéroglyphes qui, suivant l'expression de Jamblique, figuraient en images ce qui surpasse toute image.

Mais les caractères sacrés embrassaient toutes les parties d'une langue, et par conséquent les images en tout genre qu'elle peut contenir. Je l'ai déjà observé dans ma première lettre. Qu'on se garde bien de penser cependant qu'il ne s'agit que de ces images ordinairement nommées poétiques. Toutes les connaissances de l'homme n'étant guères que des apperçus de rapports, toutes ses expressions en langage ne sont aussi que symbole, image, ombre de la vérité, résultat de ses comparaisons, de ses combinaisons souvent bizarres, fautives et dues au hazard. Partout ils ressemblent aux auteurs de certains symboles égyptiens qui faisaient, dit Porphyre, les images du vice et de l'erreur de leurs pensées. Les Français on fait de même. On n'a qu'à peindre quelques-uns de leurs mots pittoresques pour s'en convaincre et se former en même tems l'idée la plus familière des hiéroglyphes. Quel serait l'effet en peinture de ce mot, *cul-de-sac?* C'est-là cependant la forme que la même pensée a prise dans plus d'un pays. On en trouve des analogues dans les hiéroglyphes de l'Egypte et du Mexique, et parmi ces derniers avec plusieurs variétés pour désigner le nom des villes *assises* au bout de terrains couverts de joncs et de fleurs. Ces fleurs se réunissent au portrait de ce qu'on appelle le siège de l'homme. D'autres mots offrent des images aussi bizarres et plus arbitraires. On doit naturellement s'attendre à de fréquens exemples pareils dans l'écriture symbolique de l'Egypte, et qui ne peuvent que présenter bien des difficultés.

Il y a pourtant une circonstance qui fait espérer de pouvoir les lever toutes. Les Egyptiens semblent l'avoir saisie. D'après mille indices ils l'ont prise pour base quand ils ont voulu coordonner leur langue de signes, née du besoin et de la nécessité; quand ils en ont fixé les limites et les bornes dans un système d'art cohérent; quand ils ont étudié les qualités de tous les êtres et de tous les corps, depuis les corps célestes auxquels tout se rattachait, pour réduire les images que le peuple avait emprunté de ces qualités ainsi que des formes, dans une encyclopédie de signes qui traitait toutes les sciences ensemble et à la fois. Un Ancien affirme positivement que tel était le système Egyptien; et tel il devait être, en effet, puisqu'il n'était qu'un système de la nature. 'A Dieu ne plaise cependant que j'attribue plus à ces Sages que d'avoir reconnu la marche de la nature, que d'avoir élevé dans les traces de ses pieds saints les bornes vénérées, les signes de reconnaissance nécessaires pour diriger leur pas, fût-il même au dessus des forces de l'homme d'outrepasser ces limites. Mais l'espace qu'elles renferment est immense. Tout y est égarement et erreur pour celui qui ne sait où il va. Ou croira-t-on que ce soit aux profondes speculations si faciles à nos savans que sont dues ces étonnantes combinaisons de la grammaire naturelle, aussi justes que peut-être à jamais impénétrables au génie de ces mêmes savans? En auraient-ils donc créé la partie la plus difficile, la plus parfaite? non, pas plus que ces spéculations ne produiront jamais un poëme d'Homère.

Le besoin seul arracha à l'homme ces inconcevables efforts et rendit le sauvage notre supérieur en forces d'esprit et de corps: forces qui proviennent également de l'exercice forcé. Le défaut même de connaissances et d'arts, de toutes ces bornes et de ces obstacles que la société entasse autour de l'homme, entre lui et le grand tout, au milieu duquel le sauvage est dans la solitude: ce dénuement conduisit le dernier à embrasser d'abord ce tout, à le trouver commensurable sur lui seul, puisqu'il n'avait point d'autre mesure et qu'entre lui et cet horizon il ne s'elevait point de hauteur. En conséquence on le voit établir des signes universels. On le voit quelquefois représenter toutes ses pensées par des signes de rapports de nombre et de mesure, comme tous les hommes en représentent ainsi une partie. Cependant nous l'appercevons à peine. Jamais les Espagnols n'ont pu pénétrer le mystère profond des noeuds péruviens, même quand ils ont cessé de le regarder comme magie. Les Chinois dans l'orgueil de leur science, n'entreprennent que par un art aussi prétendu magique de rien concevoir dans les combinaisons de la ligne entière et brisée qui, parmi leurs ancêtres à demi-sauvages, succédaient à des noeuds exactement semblables à ceux des Peruviens.

Les spéculatifs des Collèges savans établis sur les bords du Nile ont pû être plus raisonnables. Ils semblent avoir observé que ce qui distingue le plus particulièrement l'homme de la bête, c'est la connaissance du rapport et du nombre, c'est de saisir les rapports, de savoir compter. Platon avait appris d'eux ce secret, et il s'est hâté de le publier chez les Grecs. Dans leurs observations sur l'homme, ils auront remarqué que l'enfant du désert lui-même, au milieu de ses courses sauvages, s'arrête avec orgueil sur la surface du globe, éléve sa tête et mesure l'univers sur son ombre. C'est-là l'image de ce qu'a fait et que fera le genre humain dans tous le tems. Que connait-il si non par rapport à lui, à ses sens, à ses conceptions? que peut-il exprimer hors l'effet des impressions reçues par ses organes, et qu'ainsi modélé ses organes sont propres à rendre? Les Egyptiens auront observé les types et les moules de la pensée de l'homme, pour reconnaître les formes qu'elle peut prendre et imiter ces formes quand il fallait peindre la pensée. Il parait constant en effet, par l'examen des langues dans leur origine et dans leur pauvreté primitive, ou dans la hardiesse de leurs images, que la pensée de l'homme prend partout de certaines et mêmes formes. Leurs modèles, ou, pour répéter et suivre l'image, les types, les moules de ces formes ne sont et ne peuvent être que les objets environnant cet être raisonable, que les instrumens naturels et artificiels par lesquels il agit, par lesquels il reçoit et rend l'impression des choses, qui sont pour lui les instrumens de la nature et ses membres. Le corps immense de cette nature ainsi personifiée est pour lui semblable au sien. C'est-là le point central où se réunissent tous les rayons partant du cercle des choses. Sur l'echelle de ces rayons, sur ces colonnes fut inscrit le vocabulaire primitif. Et ce n'est pas ici une image. C'est l'exacte vérité constatée par l'histoire, par les langues et par les monumens des peuples. Considérez, je vous prie, l'emploi qu'ont fait les langues de l'oeil qui reçoit la plupart des connaissances avec la lumière; ce qu'elles ont fait de la main et de la langue, des bras, des jambes, de la bouche, de la tête, de tous les membres et des organes de l'homme, ou des instrumens qu'il s'est formé pour venir à leur secours. Elles n'ont pas moins tiré parti des animaux qui étaient les aides de leur voix, ou les objets de ses travaux et de ses observations. Ces dernières leur ont fait embrasser les phénomènes de la nature les plus frappans, et ses parties toujours assimilées à celles de l'homme. Ce sont ces objets qui reviennent à chaque instant dans les langues, comme dans les hiéroglyphes que Diodore dit en être composés. Il indique les significations étendues qu'ont parmi eux l'oeil et la main, les premiers agens des sensations et de l'action, et dont la mention revient si souvent dans l'ancien traité de philosophie d'après les Egyptiens. C'est aussi la main et l'oeil qui entrent si constamment dans la composition des caractères Chinois; et ce qui est plus extraordinaire, les lettres qui portent leurs noms dans les anciens alphabets de l'Orient, sont avec d'autres encore les modificateurs universels des mots de ces langues. Ce sont là des monumens qui donnent trop à penser sur la formation primitive et contemporaine des langues et de l'écriture symbolique pour qu'on puisse s'abandonner ici à ce détail. On doit aussi supprimer toute réflexion sur les noms antiques des lettres rapelant les objets dont on vient de parler; sur les parties et les principes de l'univers que tant de peuples ont désignè par ces mêmes noms, depuis l'oeil du monde physique et intellectuel; sur les analogies quelconques d'un système représentatif, naturel à un être qui n'apprend que par comparaisons, et qui se hâta de l'attacher à son modèle. Et qu'on ne pense point que les preuves encore subsistantes de ce système ne tiennent qu'à des rêveries des tems postérieurs, où l'on ne rêvait que parcequ'on s'était endormi au banquet de sages ridicules. Le genre humain sorti de son berceau ne dormait point ainsi. Ses songes étaient ceux de Jupiter. Entendons les conter dans ses paroles augustes dont l'écho rétentit encore autour de nous. Partout elles nous apprennent que Dieu créa l'homme à son image. Partout résonnent les noms d'un dieu-univers, d'un univers-géant et du microcosme.

Partout aussi on distingue, dans le bruit confus des écoles, les termes des formes premières, de prototypes universels des choses, qu'on ne chercha de même dans la pensée de Dieu que parcequ'on les avait déjà trouvées dans la pensée de l'homme, et qu'on jugeait, avec Proclus, que toutes ces formes sont dans la nature de l'esprit, dans l'ame et dans la nature des choses. Partout on voit répandue cette doctrine des formes et des idées, dont le nom grec dérive de devoir et d'image : doctrine qui en Egypte était l'explication des images de l'écriture, des *idoles* de Dieux semblables à l'homme de corps et d'ame. Si ce fait n'était pas indiqué plus ou moins indirectement par plusieurs écrivains, le seul traité de philosophie secrète selon les Egyptiens, attribué à Aristote, suffirait pour le prouver.

Quel que soit l'ancien auteur de cet ouvrage singulier, il connaissait la doctrine et l'écriture sacrée de l'Egypte, l'une et l'autre sur leur déclin mais subsistantes encore de son tems. Il commence par déclarer qu'il va considérer l'universel, ou intellectuel, dans l'esprit de ceux qui ont enseigné par des notes de figures mystérieuses et d'un secret difficile à pénétrer : figures qu'il promet d'employer autant qu'il serait nécessaire. Il développe ensuite ses idées métaphysiques constamment hors de prise à toute image physique; et qu'il n'éclaircit que par des images empruntées de la géométrie et par la méthode démonstrative de cette science. C'est toutefois en avouant que penser c'est former des images. Mais selon lui la pensée de l'homme et est vacillante et variable, suivant les objets spirituels, célestes ou terestres, dont elle prend ses formes; auxquels elle est toute semblable d'après l'imitation; ou elle est presque le même qu'eux. C'est ainsi que la science se refère dans nôtre ame aux choses qu'elle représente. Car si les formes dans notre ame n'étoient pas semblables aux formes des choses, nous ne les connaîtrons point, ni n'atteindrons leur verité, puisque la verité d'une chose c'est la chose elle-même: sinon elle lui serait étrangère et par conséquent aussi bien contraire. Mais ce sont les vraies formes invariables et intellectuelles, les principes premiers que l'homme doit s'efforcer d'atteindre, pour leur assimiler sa pensée et son ame en l'élevant par ce moyen vers son origine. Cette élévation de l'ame par l'étude des causes premières était égalcment le but des initiés de l'Egypte et de la Grèce, des Orphiques, des Pythagoriciens et des Platoniciens, qui tous se servaient des figures de géométrie quand ils ne croyaient pas assez bien apprendre par les expressions du langage. Notre auteur assure que ceux qui consultaient les Egyptiens, faisaient de même de son tems, et pour la même raison. Il finit par dire que ces Egyptiens, qui avaient connu les formes spirituelles, s'expliquaient par une doctrine intellectuelle et non pas humainement traitée; qu'ils inscrivaient ces conceptions sublimes de leur esprit, par des figures, sur des pierres placées dans les temples; qu'ils faisaient la même chose dans toutes les sciences et les arts; qu'ils le faisaient ainsi pour indiquer que l'esprit actif, immatériel avait tout créé d'après une raison et une similitude particuliere de chaque être. Il souhaite enfin qu'ils eusent aussi communiqué la méthode par laquelle ils avaient atteint ces formes admirables et cachées. Il me semble que la chose reste hors de doute.

Il est vrai que l'extérieur des édifices, les cours des temples, comme dit Synésius, sont couverts de becs d'Ibis et d'épervier. Mais cet auteur ajoute que les prêtres se moquaient du peuple en les y faisant sculpter; tandis que dans l'intérieur sacré des temples, dans des autres des Mysteres, ils cachoient de certains globes dont le vulgaire aurait méprisé la simplicité, n'y entendant rien. Les savans de nos jours ne voudront pas, sans doute etre ainsi les dupes, et ressembler à ce vulgaire dont St. Paul se plaint aussi, presque dans les termes de Synesius et au même sujet.

Ils rechercheront plutôt la méthode qui parmi les savans de l'antiquité était un secret religieux. Ils la retrouveront dans leur connaissance de l'esprit humain et de ces progrès. Ils la retrouveront dans la marche que les peuples ont suivie en sortant de l'état sauvage, et que le clergé d'Egypte avait poursuivie sur une même ligne pour arriver aux résultats surprenans qu'ils reconnaîtront. Ils verront dans les symboles communs des peuples, dans les langues et dans les monumens l'emploi combiné des moyens de la nature et de l'homme, et des rapports apperçues entre eux, souvent exprimés par des figures qui seules peuvent définir cette mesure audacieuse que l'homme prit du monde sur lui-même en s'appelant le petit monde. Ils penseront que ce sont là bien certainement les objets indicateurs des élémens, des formes élémentaires de la pensée de l'homme, qui répétent leurs types, qui retracent leurs moules. Elles existent ces formes universelles. Elles existent: et envain cherchera-t-on une langue universelle de signes avant d'avoir saisi ces élémens; comme envain on aurait cherché un alphabet avant d'avoir saisi les élémens de la voix humaine, des sons que ces caractéres représentent. La connaissance de l'écriture sacrée des Egyptiens pourra abréger une telle recherche, s'il est vrai que ce peuple ait connu tous ces élémens; qu'une espèce d'alphabet de formes ou lignes élémentaires lui ait servi pour les peindre avec ceux des objets de la pensée.

Vous voyez Monsieur, que tout cela n'est guères propre à être développé dans une lettre. J'avoue volontiers que, dans ma dernière, j'avais proposé avec trop de simplicité la définition de l'écriture vraiment sacrée, d'un premier genre des hiéroglyphes: définition fondée toutefois sur celle que St. Clément en a faite. Je ne songe pas encore à réparer ce tort. J'en éviterai dumoins un nouveau etc. . . . .

Seconde Lettre.

Le 29. *Septembre* 1803.

J'ai commis une faute grave, Monsieur, en vous communiquant, presque sans appui, l'explication de quelques inscriptions en hiéroglyphes. Ie vais y remédier en partie, et en ajoutant quelques inscriptions empruntées des ruines les plus antiques de la haute Egypte et des frontières de l'Ethiopie. Si un monument moins ancien, peut-être, mes fournit aussi une inscription, sa formule consacrée est de la plus haute antiquité.

C'est toujours dans les séries de mots de ces formulaires que je chercherai une des meilleures preuves des séries analogues des signes des inſcriptions sur lesquelles j'oserai encore vous faire part de mes conjectures, arrêtées au reste avec assez d'audace sur un grand nombre. Mais les preuves complettes de celles qui ne se trouvent point ainsi confirmées, ne peuvent être bien saisies que dans la cohérence d'un dictionnaire systématique. Je tâcherai d'appuyer ici le sens de chaque caractére par les données positives qu'on trouve chez les anciens écrivains. — Convaincu aussi qu'un petit nombre d'inscriptions bien prouvées contribuent plus qu'une infinité de conjectures à répandre les premières lumières les plus nécessaires, je reviendrai d'abord sur les preuves des inscriptions de la planche No. I. que je remets ici.

J'ose croire qu'un jour vous penserez comme moi, au moins sur leur sens général. Pour vous y préparer par un de mes moyens, je prends la liberté de vous rappeler ce que dit Hérodote des enterremens des gens de condition, et de morts de bois peints qu'on montrait comme modèles à choisir entre trois modes d'enbaumemens. Il s'empresse de dire que pour la première espèce la plus travaillée et la plus chere, il n'ose pas nommer ce modèle ou parler de pareille affaire. Il la distingue toutefois assez bien des autres pour qu'on y reconnaisse les momies qui sont particulièrement l'objet de la curiosité des modernes. Son silence regarde donc ici les inscriptions et les images qui distinguent ces momies; ou ce que représentent leur peinture et cette sculpture dont il parle. On sait que ses reticences portent ordinairement sur les secrets les plus indifférens même des cérémonies de l'initiation. Il le dit lui-même en observant qu'il se borne à nommer les choses sacrées sans entrer en détail. Ici il craint même de dire le nom, l'expression ουχ όσιον ποιεῦμαι définit assez l'objet de ses craintes. Des écrivains postérieurs moins discrets conviennent que ces cérémonies étaient une imitation de ce qui arrive à la mort, au passage à une autre vie; et que l'initiation se célébrait comme une mort volontaire. D'autres assurent que les cérémonies et tout ce qu'on observait aux enterremens Egyptiens étaient le modèle des actes religieux des Mystères. On connait les grands préceptes imposés aux initiés: de vénérer leurs parens; d'offrir de fruits aux dieux; de ne pas attenter à la vie des êtres animés, et en général d'être purs de tout crime.

Or c'est là ce que contient la fin de l'antique prière récitée à l'embaumement des personnes distinguées ou initiées; et c'est cette justification que les préceptes des Mystères avaient été accomplis, que je crois avoir retrouvée sur un cercueil de la première qualité, appartenant à ce mode d'embaumement qu' Hérodote n'ose pas décrire en détail. V. pl. I. fig. 2. On voit qu'en effet il passe sous silence les inscriptions des momies et des idoles qui les accompagnent; la prière qui contient l'objet des mystères, l'éspérance d'une vie à venir; l'acclamation dans le même sens que faisaient les assistans et qui semble avoir été récitée sur les inscriptions que je viens de nommer; tous les détails enfin, modèles de ces Mystères, dont parle Diodore, et qui confirment ma conjecture en éclaircissant le sujet de mes explications.

Hérodote supprime avec le même soin toute mention des manuscrits qu'on trouve quelquefois avec les morts. Il a du connaître cependant cet usage maintenu pendant une longue suite de siècles. Car les Juifs dès les premiers tems, et les Chrétiens de la primitive église, se regardant les uns et les autres comme de vrais initiés, portaient en amulette et jusque dans le tombeau, le décalogue et ce qu'on appelait le petit évangile. On a déjà observé les rapports du décalogue avec les préceptes des Mystères, contenus dans la prière Egyptienne et inscrits sur un cercueil. Je n'ignore point les données sur les écrits de toute espèce déposés ainsi dans les tombeaux. Mais il me parait toujours vraisemblable que le silénce d'Hérodote à cet égard était fondé sur le même motif d'un secret religieux. Les manuscrits connus donnent lieu du moins à le penser, par les symboles de leurs vignettes qui indiquent la matière traitée par les caractères linéaires du texte et qui fixent leur valeur. Plusieurs de ces tableaux sur les manuscrits publiés par Denon, présentent les mêmes objets que des bandelettes anciennement connues. On voit dans un de ces manuscrits pl. 137. le mort placé sur la barque de Charon. On y remarque les génies de l'eau et du feu, élémens par les épreuves et la quadruple purification desquels devaient passer les initiés dans leur mort allégorique; comme les vrais morts dans leur passage à l'autre vie. Vingt-quatre ministres sont rangés sur trois bandes, huit dans chacune. Ils précèdent la marche du cercueil. Ils semblent prier pour le défunt. Car une partie des inscriptions qui les accompagnent, contiennent évidemment des invocations aux dieux d'après l'ordre de leur dignité; d'abord aux dieux physiques et puis aux grands dieux et aux *intelligibles*, avec leurs noms divins et des formules constamment repétées. Le titre même écrit sur le revers du manuscrit indique la transmission du défunt, qui y est figuré, à la reine Isis, reine de la nature, de l'univers et de la matière. Les conducteurs ont devant eux les figures abrégées d'autels, de sacrifices et de la fleur du Lotus: embléme de la résurrection journalière du soleil et de celle de l'homme après la mort. Le défunt est amené devant le dieu qui tend les bras pour le recevoir, et qui a la tête surmontée du scarabée, emblême connu du soleil, protecteur des initiés, et des guerriers qui dès ce tems semblent avoir été reçus chevaliers du soleil. Sa tête est aussi ceinte du bandeau sacré, ainsi que celles des vingt-quatre introducteurs semblables aux dieux. Car ils ont obtenu le quatrième grade de l'initiation, cette *religatio capitis* qui suivant Théon de Smyrne, donnait le droit de communiquer la tradition sacrée, de conduire les hommes à la communion des dieux. Il est remarquable que le mort placé sur la barque n'a point ce bandeau, mais qu'il l'a reçu, ainsi que l'ornement de la croix greque et la couronne de la double feuille d'if et de myrthe, en arrivant à l'autre extrémité du tableau *dans les bras de dieu:* terme aussi consacré. Le nouvel adepte et l'image divine d'Isis à tête humaine portent seuls ici une pareille couronne, exactement comme dans les mystères de l'Isis Greque. La croix de St. André par laquelle, suivant Platon, le créateur coupa la création et l'ame en deux pour rejoindre ensuite ces parties, semble avoir distingué le complément de la sainte tradition, παραδοσεις, la réunion finale aux dieux. Elle le désigne apparemment aussi sur l'inscription *pl. I. fig. I.* en répondant avec le caractère qui l'accompagne, au mot παραδοτε de la prière Egyptienne, dont la traduction Greque affecte d'un bout à l'autre les termes consacrés des Mysteres. Le nombre affecté de huit rappelle le fameux Ogdoas de Platon, et de Théodoret qui dit: *quem regenerat Christus, in vitam transfertur in ogdoadem.* Les vingt-quatre personnages avec le vingt-cinquieme, leur chef, le dieu du jour, rappellent les heures et leur chef. Ils rappellent ce que représentaient les assistans des Mystères, et le nombre des lettres de l'alphabet Egyptien; ce que dit Plutarque à l'occasion de ce nombre et de tout le système qui y a rapport.

Mon intention n'est pas d'expliquer ici ce manuscrit assez facile à déchiffrer. Il me suffit d'avoir indiqué, dans ses rapports à l'initiation, de nouvelles preuves que le secret protecteur des Mystères, était confié au silence des tombeaux et consacré pour la sauvegarde des morts. Quelquesuns de ces manuscrits pouvaient contenir la la doctrine plus secrete, communiquée dans le sanctuaire, tandis que l'inscription extérieure du cercueil portait la justification récitée par les embaumeurs qui en fournissaient le modèle mystérieux: ce qui semble ajouter aux preuves sur le contenu de son inscription. Peut-être aussi que l'enterrement et le passage sur la barque de Charon n'étant accordés qu'après le jugement porté sur la vie du défunt; cette inscription servait comme de passeport à exhiber au célèbre nautonnier et pour le passage aux lieux privilégiés, destinés à l'enterrement des initiés, et qui étaient particulièrement sous la garde du soleil. Que de pareils certificats de vie inscrits sur les tombeaux n'aient pas été inusités, même chez des peuples moins rigoureux envers les morts, on en a entre autres preuves l'inscription funéraire latine: Ego Sextus Anicius pontifex testor honeste hunc vixisse.

En comparant tout ceci avec ce que j'ai dit p. 49. de ma première lettre, sur la probabilité que le cercueil, le seul de cette forme que je me rappelle avoir vu, était celui d'un initié; il ne parait plus douteux que l'objet de la réticence d'Hérodote en cet endroit ne soit découvert.

L'inscription porte en elle-même des indices nombreux qui en trahissent le secret. Outre les preuves déjà offertes *pl.* 51-54. de la lettre citée, je ne dois pas négliger celles que contient le second livre des commentaires de Proclus sur Euclide. Parmi les descriptions des notes, des signes ou images géométriques, par lesquels il semble désigner des hiéroglyphes de ce genre; et parmi ses développemens de la méthode Egyptienne, adoptée par les Pythagoriens et par d'autres adeptes, cet auteur élevé en Egypte, dit les raisons pour lesquelles des rectangles du carré, semblables à l'équerre des ouvriers, étaient les représentans des dieux d'un certain ordre: raisons également éclaircies par le fait que ces dieux n'étaient que les mesures et les divisions du tems et de l'espace; ou par la définition connue que tout dieu est une mesure des êtres, πας Θεος μετρον εςι των οντων. Il dit ensuite en toutes lettres que ces angles représentaient *les dieux qui donnent la vie.* On retrouve ce titre dans les hymnes d'Orphée; et c'est mot à mot l'expression de la prière rendue en hiéroglyphes sur l'image *fig. I.* où ces dieux se trouvent représentés par cet angle du carré. On y voit, au dessous de l'angle, deux oiseaux, probablement ceux dont parle Horapollo, comme désignant le mariage, le père et la mère, les auteurs de la vie. La signification de l'angle dans ce cas particulier est donc encore définie par des symboles plus connus. Ailleurs le serpent particulier qui est l'embléme des dieux du ciel, des astres, se trouve placé sous le même angle, en définissant ainsi les dieux qu'il représente. Ces dieux sont aussi représentés sur le cercueil, *pl. I. fig.* 2., par le même angle accompagné des disques du soleil et de la lune. Il y est deux fois répété, dont une fois clair, ou blanc et l'autre obscur, ou noir. C'est qu'il s'agit ici de tous ces autres dieux le plus souvent nommés collectivement avec le soleil; c'est que ces dieux étaient l'armée du ciel, les étoiles de l'hemisphère supérieur et inférieur, du clair et de l'obscur, ou non visible. Ces signes sont à gauche par rapport aux deux cercles emblêmes des grands dieux du ciel, suivant Platon qui observe que ces dieux occupent le côté droit, et les démons ou dieux inférieurs le côté gauche. Ces côtés sont indiqués ici sans équivoque par les bras de l'image. Au reste, vous vous rappellez la remarque d'Hérodote: que les Egyptiens appelaient en écriture, la droite ce que les Grecs nommaient la gauche, et au contraire la gauche ce qui fut nommé la droite par les Grecs qui suivaient notre méthode. Je dois aussi observer sur les rectangles représentans des dieux, qu'ils offrent dans leurs formes différentes le *resch* hebreu avec ses variétés, et que les cabalistes, qui employaient les lettres hébraïques comme des hiéroglyphes dont elles ont et le nom et la figure, disent que cette lettre

Γ représente les *rouah*, les esprits, les démons, les *chefs*, les rois. Tous ces nom étaient donnés au compagnons du soleil, et leur hiéroglyphe parait même être une espêce de pluriel de celui qui désigne ce roi du ciel. Est-ce parcequ'on reconnaissait dans les étoiles fixes autant de soleils, et que Pythagore avait apporté de l'Egypte cette doctrine adoptée par son école?

Quoiqu'il en soit, d'autres dieux, ou idées des causes intellectuelles étaient autrement désignés. Ils l'étaient par le point indivisible, par le cercle sans commencement et sans fin, par l'angle du sommet du triangle ou l'angle triangulaire en général. Ils l'étaient par le signe de l'unité, la ligne *pure*, perpendiculaire et simple: attribut des dieux, ccomme les bâtons dressés debout dans les temples, comme l'*haste pure* des Romains, et rendant raison de ces dénominations singulières de simples et de purs qu'on voit données à de certains dieux. Trois de ces lignes perpendiculaires réunies *fig.* 1. par le signe de communauté qu'on voit avec une modification dans l'inscription *fig.* 5, et qui fait partie de l'ancien caractère numérique Egyptien de trois, semblent bien rendre les trois divinités pures, réuniees dans le conducteur des dieux, Emeph: Dieu-principe dont le hiéroglyphe parait être adopté dans l'alphabet Egyptien, puisque la premiere lettre de son nom, E, y est composé de trois perpendiculaires. Ce caractere est même suivi ici du *point*, représentant de l'indivisible Un, que Jamblique dit précéder Emeph, et qu'il nomme la première image, le principe, dieu des dieux, *unitas in uno super essentiam.* Je vous prie de comparer tout ce qu'il en dit avec l'inscription, commentée aussi par Diodore, et dont je voudrais bien abandonner les éclaircissemens ultérieurs aux occasions qui vont bientôt nous ramener quelques-uns de ses caractères.

Mais le dernier, quoiqu'il doive revenir de même, mérite d'être considéré ici. C'est le signe de réunion composé de deux parallèles qui annoncent la séparation, mais qui sont liées ici par deux angles du genre de ceux qui réunissent, suivant Proclus. Il est remarquable que le mot *συνοικος* auquel ce caractère répond, est encore un de ces termes que les instituteurs des mystères Grecs avaient empruntés des cérémonies Egyptiennes. Platon, Proclus et d'autres l'appliquent à un initié, reçu *Θεοις συνοικος*, qui sont les paroles de la prière. Théon de Smyrne en parlant des cinq parties ou grades de l'initiation, dit du dernier et le plus élevé qu'on y était reçu *Θεοις συνδιαιτος*. Platon dans le Phédon, dit que les non-initiés tombent à la mort dans la fange, mais que l'initié au contraire habite avec les dieux, *μετα Θεων οικησει*. Ceci répand sans doute de nouvelles lumières sur le sujet de notre inscription.

Les détails de celle de No. 6. sont éclaircis par plusieurs auteurs, et son ensemble surtout par Proclus. Je vous prie de considérer ce que dit cet auteur sur les figures rectilignes et circulaires, sur la combinaison du cercle avec la ligne droite ou la perpendiculaire, sur cette ligne et l'inclinée, sur les angles divers, le demi-cercle et la corniculaire, en un mot sur les principales figures géométriques. Comparez cela ensuite avec ses classifications correspondantes du Tout, et avec l'inscription ici en question. Cette opération appuyée des données d'une foule d'autres écrivains, m'a conduit à y reconnaître les signes de l'intellectuel, de l'ame, des corps célestes et des choses du monde sublunaire. L'ensemble m'a paru ainsi répondre aux quatre symboles universels, aux *quatre lettres* de Clément, et rendre une espéce de *Kou-a* Egyptien ou représentation du Tout que doit exprimer l'inscription surmontée, et précisément sur le signe de l'univers sensible auquel préside Isis par la note de l'unité pour répondre au mot *un*, et ayant audessous l'oiseau symbole d'Isis qui exprime son nom.

Entrer ici dans des preuves circonstanciées et puisées dans la nature même de ces caractères principaux, ce serait commencer le développement de toute une partie du systême hiéroglyphique: développement qui ne peut avoir lieu ici. Je me borne à observer que chacun de ces caractères accompagne souvent les images d'Isis. Une autre circonstance peut aussi appuyer ma conjecture. Elle tient à cette inscription Greque φυσις παναιολος παντ. Μητ. également trouvée sur une pareille image, et citée dans ma première lettre à l'appui de nos caractères représentatifs du Tout. N'est-il pas singulier qu'il ait un rapport si frappant avec le nom de φυσις αιολου que les Pythagoriciens donnaient au nombre quatre, représentant du tout, comme ces quatre lettres; comme celles de Clément et comme le tétragramme du nom hébreux de dieu? observez que ces Pythagoriciens pensaient aussi que Aeolus était l'année, le cercle des choses; que ce nom était un symbole consacré.

Le célèbre Peiresc avait communiqué au P. Kircher une pierre gravée Egyptienne, qu'on peut voir dans le troisième volume de son Oedipe p. 54. Elle est d'un tems postérieur; mais elle n'en est par moins propre à vérifier le sens de notre inscription et un mode de représentation qu'on retrouve même chez les Mexicains. Comme chez eux, le serpent enveloppe ici le cercle du Tout; et Horapollon atteste qu'il le représentait en Egypte. Chez eux les signes placés aux quatre points cardinaux dans la roue des premiers élémens du tems, ou des jours, sont devenus les quatre lettres, les quatres symboles universels des parties de l'année et du siècle: ce qui jette de la lumière sur l'origine du système Egyptien. Dans la pierre gravée qui lui appartient, on voit les Génies des quatre points cardinaux, ou des quatre vents, avec leurs noms écrits à côté, suivant Kircher. Ils sont assis autour du caractère composé des trois côtés du carré, qui dans l'inscription d'Isis désigne l'univers; et au lieu des deux cercles qui dans l'inscription représentent, suivant l'usage, le soleil et la lune, les formes entières du croissant et du soleil sont exprimées sur la pierre gravée.

Enfin pour ceux qui ne veulent pas entendre raison si l'on ne leur montre de figures en chair et en os, de telles images se présentent en nombre sur les murailles et sur les plafonds des temples. On voit de ces univers géants et vivans dans les pl. 114. 129 et 132. de Denon, représentant le ciel et la terre, les mondes divers et le zodiaque, toujours enveloppés d'une figure qui forme, par son attitude, les trois côtés du carré de notre inscription. Le ciel des astres et le monde sublunaire paraissent même représentés ensemble dans la *pl.* 129. *fig.* 8 et par deux corps dont les attitudes bizarres retracent les deux dernières figures géométriques qui dans l'inscription d'Isis représentent la même chose. On voit tracé entre ces deux corps le tableau symbolique du monde sur l'echelle de ces nombres harmoniques, combinés au milieu dans vingt-sept rayons ou colonnes de hiéroglyphes. D'un côté de ce tableau il y a d'abord une colonne perpendiculaire de pareils caractères, puis deux, ensuite trois horizontales, huit autres centrales et enfin cinq qui semblent se réunir aux quatre, placées isolément de l'autre côté pour former ensemble le nombre complet de neuf. Or on sait que le nombre vingt-sept etait dans le systême Pythagoricien, le symbole du monde ainsi que de l'ame du monde, et que les autres nombres rangés ici autour de lui, et dont il est la somme, étaient les symboles des élémens et des composés. On connait la dignité attribuée dans ce systême au nombre quatre. Pythagore l'avait appris, suivant le temoignage unanime de l'antiquité, dans les sanctuaires des temples Egyptiens, ou plutôt dans des réduits de ces temples, inaccessibles au vulgaire, où, suivant le témoignage aussi unanime, les prêtres Egyptiens se consacraient à l'étude des mathématiques. C'est dans un pareil lieu secret et séparé d'un temple de la nature, que ce tableau est tracé sur un plafond, et où il est environné d'un symbole corporel qui en indique déjà le sujet. Quand dans un tel lieu et dans une telle position, on trouve une pareille combinaison de plusieurs nombres dans l'exacte proportion du systême Pythagorico-Egyptien, de tous ses nombres sans exception et d'aucun autre; on ne peut pas penser, ce me semble, que tout cela soit dû à un simple hazard. Les inscriptions mêmes mutilées achévent d'écarter le doute à ce sujet. On ne peut pas en avoir sur les sens de la figure de femme, puisque la même figure enveloppant, dans la même attitude, le zodiaque de la planche 132, n'admet aucune équivoque sur sa signification. Au reste Maimonides rapporte que Vénus, ou le ciel visible, était représentée de cette maniere.

Mais j'abandonne ici ces rapprochemens. Ils ne sont que des indications de matières à développer ailleurs. Mes lettres ne peuvent rien contenir de plus. Ainsi je me bornerai aussi à marquer que plusieurs notes de nos inscriptions, outre celles que je viens de passer en revue, sont constatées par l'ouvrage géométrique de Proclus, dont la plupart de digressions offrent un commentaire suivi des caractères des *fig.* 3. 4. Les autres mathématiciens et toute une classe d'écrivains de l'antiquité confirment ses données et mes conjectures.

Je passerai donc aux hiéroglyphes d'un autre genre qui se trouvent dans l'inscription du cercueil. Parmi ces symboles la figure assise, exprimant par son attitude la prière et la vénération, semble rendre le symbole de Pythagore: *adoraturus sede.* On sait que ses symboles imitaient et exprimaient des hiéroglyphes dont ils portent le nom, et auxquels Plutarqne dit qu'ils ne cédaient guère. Les Americains devant écrire leur prière, leur confession: commençaient par figurer un sauvage à genoux devant un moine, de même que nombre d'invocations Egyptiennes en hiéroglyphes commencent par la figure d'un homme dans l'attitude de la prière. Les Américains et d'autres peuples représentaient le tems et l'année par une roue, ou cercle que l'inscription offre pour l'emblême du tems.

Je crois qu'il est superflu de rien ajouter sur les premières figures suivantes: sinon que le symbole de Pythagore qui défend de prendre sa nourriture avec la main gauche, fortifie les preuves du sens qu'a ici la main gauche fermée. Mais je ne dois plus me refuser au détail des avant-derniers caractères que j'ai supprimé dans ma première lettre, à cause de son étendue et de l'embarras du choix parmi les différentes conjectures plus ou moins plausibles auxquelles ils peuvent donner lieu. La première idée qui se présente à la vue d'un fruit renversé qui semble répondre à la justification du peché d'intempérance, est naturellement celle du fruit défendu. Il rappelle la tradition antique d'un peuple sorti de l'Egypte. Cette figure d'une branche renversée, et qui est accompagnée d'une autre, se présente souvent parmi les hiéroglyphes et ainsi combinée, quoique la brauche soit ordinairement dépouillée de tout fruit ou de feuilles. Mr. de Guignes a trouvé ces figures réunies parmi les anciens caractères Chinois où la branche représente un des cinq élémens, ou le bois, et l'autre figure l'homme, rendant ensemble le sens de bien, de bon et de beau; comme le nom Egyptien d'un homme, *Piromi*, signifiait καλος καγαθος, ou l'éminent, en traduisant ce mot d'après l'analogie de l'hébreu. Mr. de Guignes qui a négligé ce rapprochement, veut que le dernier caractère réponde au *noun* hébreux. Il y a d'autres indices qu'en effet il désigne l'homme en hiéroglyphes; et dans l'inscription No. I. pour exprimer la vie passagère donnée par les dieux aux *hommes*, on voit cette même figure combinée avec l'oiseau de passage volant, emblême de la vie passagère. On pourrait croire que les figures réunies sur le cercueil représentent l'homme debout, *droit* devant le fruit défendu, (renversé) qui le tente. Car *sous* ce fruit se trouve répété le signe de l'homme, mais couché, comme pour annoncer qu'il aurait *succombé* à la tentation du fruit. Cette méthode de parler aux yeux par la position même de signes est commune aux hiéroglyphes de l'Amérique et de l'Egypte.

Plutarque observe que les adorateurs d'Osiris, ses initiés, ne devaient point couper les arbres des jardins. Or parmi les préceptes symboliques Pythagoriciens, qui développent article par article ceux des mystères, la defense d'attenter aux plantes embrassait la défense générale de faire du mal aux innocens comprenait exactement le sens de la justification dans la prière: *neque alio quopiam pernicioso malo affeci.* Ceci nous rapproche du vrai sens des symboles usités dans les mystères, qui depuis l'oeuf de la génération paraissent adoptés dans une inscription, où on voit répétés leurs préceptes annoncés dans le sanctuaire par de pareil emblêmes.

Cela sert à rapprocher aussi le sens que parait avoir ici ce double caractère, de celui que ses modifications semblent offrir ailleurs. Il m'a paru répondre souvent à la signification du caractère chinois analogue; au καλος καγαθος d'Hérodote; au Nazin des Juifs, représenté chez eux par le cep non amputé qui chez les Pythagoriciens désignait, dit-on, l'impureté, le vice, le défendu, l'interdit, le *sacré.* Le double sens en un mot de *sacer*, de ***hareni*** est exactement rendu par ce symbole si répandu.

Ceci conduit enfin à vous soumettre un exemple des lumières surprenantes que les livres sacrés des Juifs répandent sur les hiéroglyphes, d'après les règles exégétiques desquels tant de Peres de de l'église ont voulu expliquer la bible. Il nous conduit à rappeler un passage remarquable du prophète Michée. En déplorant, dans son chapitre septième, le culte de dieu éteint et la piété foulée aux pieds, il ajoute: „periit ex terra *sanctitas*, et *rectus* inter homines non est, omnes sanguini inhiant et vir fratrem suum ad mortem *venatur*, et *malum manuum* suarum dicunt bonum. Princeps postulat et judex in *reddendo* est. Qui optimus ex eorum numero, est quasi paliurus, et qui *probus et integer tamquam spina in sepimentis.*" Veuillez comparer ce texte avec la justification Egyptienne, que je n'ai pas donnée sans dessein dans la traduction latine. Veuillez le comparer avec notre inscription. Vous verrez qu'il comprend le sens de l'une rendu par les symboles de l'autre. Il répéte dans le même ordre, le culte de dieu, la piété filiale et le meurtre. Vous remarquerez qu'il emploie le terme de chasse; de la même maniere que parmi les initiés et les Pythagoriciens la défense du meurtre était comprise dans le précepte symbolique qui défendait d'attenter à la vie des animaux. Vous voyez que ce ne sont que des images du langage primitif. Vous reconnaissez le crime de la main, ou la mauvaise main, expliqué, comme dans Diodore, par le dépôt non rendu dont parle la prière, et qui dans les préceptes Pythagoriciens représentait les grands crimes de l'injustice. Vous reconnaissez les termes collectifs de *sainteté* et de *droit*, le καλος καγαθος du siecle comparé à cette *plante épineuse portant des fruits* qui semble tracée sur le cercueil d'aprés les descriptions de *Paliurus* faites par Theophraste, par Dioscorides et par Pline. *) Cette plante est employée par le prophète, comme dans l'inscription, pour désigner finalement les offences pernicieuses en général mentionnées vers la fin de la prière justificative. Le terme même collectif de droit, *rectus*, répond ici à la ligne *droite*, perpendiculaire, dénommée pure, qui est placée en bas de l'inscription et isolée, pour marquer la droiture du défunt, sa pureté et son innocence dans tous les points dont les symboles sont rangés dessus, et qui étaient l'objet de la lamentation du prophète, de la justification Egyptienne, des préceptes des sanctuaîres et de l'école Pythagoricienne. Proclus dit que la ligne droite avait ce sens;

*) v. Levinus Lemnius sur les paraboles de la bible tircés des plantes et des arbres. V. aussi Athénée qui rappelle la branche de Paliurns dans une pièce d' Euripide, qu'on sait avoir fait le voyage religieux et savant de l'Egypte.

commun en effet à son équivalent, le mot *droit*, dans les langues parlées. Celles-ci offrent aussi les mots *inclination*, *écart*, *excés* et nombre d'autres qui répondent à la ligne *inclinée*, *s'écartant* de la perpendiculaire, *excédant* l'angle droit, à cette ligne enfin qui, suivant le même Proclus, emporte tous ces sens d'intempérance et de vicieux. Aussi voit-on dans l'inscription et vis-à-vis la ligne droite, une ligne *inclinée* sur laquelle est monté l'oiseau, emblême de la *vie.* C'est pour rendre l'expression: si j'ai failli en quelque chose dans la vie: si vero dùm *vivebam deliqui* aliquid. Le signe consolateur de l'eau de la purification, de la rivière qui emportait les pechés, se présente ici. Vous savez qu'il fait partie du signe du Verseau parmi les caractères astronomiques. Suivant Du-Halde un caractère Chinois tout semblable représente aussi l'eau et les rivières. Est-il nécessaire d'ajouter que les initiés, dans leur mort simulée, étaient purifiés par l'eau, et que le prêtre chargé de cette fonction portait le titre d'*aquarius?*

Je pense, sans vous traiter en *Judaeus apella*, que vos doutes seront levés sur le sens d'une inscription dont les symboles sont eux-mêmes assez parlans, et auxquels je me suis arrêté de préférence, afin que vous ne me supposiez pas l'idée de borner les hiéroglyphes aux caractères géométriques. Ceux-ci n'en constituent qu'une partie, de même que leurs originaux ne forment qu'une partie des signes vocaux dans les langues parlées. J'ai indiqué, d'après Clément d'Alexandrie, les genres et les espèces ordinairement entremêlés des hiéroplyphes. Je serais fâché que malgré ce soin, mon opinion pût vous paraître toute autre que je n'ai voulu la présenter. Je me suis justifié. Je suis etc.

Troisième Lettre.

Le 22. Octobre 1803.

Permettez, Monsieur, que je vous cherche des exemples où des hiéroglyphes de toute espèce sont employés ensemble, et où les linéaires constituent aussi seuls les véritables inscriptions offertes à la lecture. Je m'arrêterai même d'abord à cette façade si remarquable du temple d'Horus à Apollinopolis la grande, qui semble avoir prêté à Clément d'Alexandrie les exemples qu'il cite dans le passage célèbre où sont dévoilés les fondemens de tout le sytême hiéroglyphique. Car l'exemple qu'il donne de l'écriture symbolique exprimée par des énigmes, c'est le soleil comparé à un *scarabée*, à cause que cet insecte fait une boule avec du fumier autour de laquelle il se roule, et qu'il passe six mois de l'année sur terre, et six mois sous terre, semblable en cela au soleil des deux hémisphères; ce sont les étoiles, ou dieux inférieurs compagnons du soleil, représentés par des *corps de serpens* à cause de leurs cours oblique. Or de quoi est-on d'abord frappé en regardant *l'ornement qui décore la partie supérieure de la principale porte de la nef du temple d'Appollinopolis magna*, ainsi défini par Denon; et que le membre de la commission des arts, auteur d'un tableau de l'Egypte, appelle le motif principal de la frise de ce grand temple? *v. pl.* . *fig.* 3. Vous le voyez en jetant les yeux sur le dessin ci-joint, copié d'après Denon *pl.* 117. *fig.* 1. L'auteur du tableau de l'Egypte dit que c'est un globe qui enveloppe de ses aîles un médaillon, sur lequel est gravé un *scarabée* aîlé portant deux têtes, l'une d'épervier mitré, l'autre de bélier. Le Cn. Denon donne aussi une description. Mais la meilleure est sa gravure. On y voit que le scarabée placé sur l'ovale emblématique, tient dans les pattes la boule dont parle Clément d'Alexandrie. On voit au dessus de lui *deux corps de serpens* du genre des immortels, suivant Horapollo l. l. et qui portaient le nom royal de basilisques. Ces serpens dressés sur la queue repliée sont en position opposée. Ils ont la tête chargée de symboles d'une autre signification que ces corps et ces plis. Ils tiennent le sceptre surmonté d'une aîle ou d'une plume qu'on voit porter devant les dieux dans les processions solemnelles et qui, suivant un ancien, représentent les operations cachées de l'esprit suprême. Comme tant d'autres hiéroglyphes, ils représentent ce qu'ils annoncent, les rois du ciel, leurs qualités, leur pouvoir, et surtout leur élévation.

Le même Père de l'église, qui est notre auteur classique pour les hiéroglyphes, dit des aîles, après avoir parlé des chérubins, qu'elles sont les ministères et operations sublimes des *puissances droites et gauches.* Il dit de ces chérubins assis sur l'arche, qu'ils représentaient les deux hérmisphères. Les symboles Egyptiens des puissances célestes, des étoiles des deux côtés opposés du ciel, des deux hémisphères, ont plusieurs rapports avec les chérubins. On les voit répétés des deux côtés du tableau que j'ai fait copier, et où ces plumes surmontant un sceptre sont remplacées par les aîles des serpens, dont l'une est baissée et l'autre élevée, d'après un usage constamment observé et de la même maniere qu'on représente les chérubins de l'arche. Dans le centre du tableau symbolique vous voyez ces serpens assis ou appuyés à droite et à gauche d'une forme des temples pyramidaux de l'Egypte. Vous voyez sur cette maison des dieux, les deux hémisphères ou demi-cercles, avec ce caractère de deux lignes parallèles réunies, qui sur la *fig.* 1. *pl. I.* marque la réunion de l'homme aux dieux dans une demeure commune.

Des deux côtés on voit l'autel qui ailleurs se trouve placé devant les dieux et chargé d'offrandes. On voit aussi le trône ou le lit, décoré comme dans les mystères, et sur lequel les figures symboliques des dieux sont assises partout, et dans la même planche de Denon. C'est donc ici des exemples de cette première espèce d'écriture symbolique que Clément dit s'attacher à imiter simplement la figure de la chose représentée. L'exemple qu'il donne d'un cercle représentant le soleil se trouve même ici dans le cercle d'où partent les douze pyramides de la lumière des douze divisions de l'année et du monde, ou de l'espace et du tems. Mais ce n'est pourtant pas dans la simplicité d'un caractère imitatif Car ce globe aîlé parait ici représenter, par des symboles tropiques, le soleil immortel, l'ame du monde, le dieu très-grand.

Mais enfin c'est à l'Appollon Egyptien, au soleil dans tous ses sens que le temple était consacré; et c'est ici vraisemblablement la dédicace même occupant la place ordinaire de ces inscriptions. Une telle dédicace est dans une semblable position sur le temple du même dieu dans une autre ville qui portait aussi son nom, Appollinopolis parva. Elle est en Grec et contient ces mots: „Au soleil le très grand dieu et aux dieux du même temple.“ Une forme aussi usitée est l'adresse au soleil et aux dieux du même temple, des mêmes autels et des mêmes trônes. Ce soleil, ces dieux, ce temple, ces autels et ces trônes sont figurés ici dans l'emplacement ordinaire des dédicaces, et avec le signe de réunion sur le temple qui exprime la communauté, συνναοι. Je suppose n'avoir pas besoin de rien ajouter.

Mais autour de ce tableau symbolique, parlant aux yeux du peuple, on voit de ces caractères en simples lignes qui appartiennent aux hiéroglyphes élémentaires dont parle Clément. Ce sont ces caractères souvent nommés lettres, que Plutarque dit indiquer la même chose que les symboles sculptés des temples. Car il fait observer, comme vous l'avez vu déjà, cette circonstance vérifiée partout et la plus favorable pour l'explication des hiéroglyphes, que de pareilles lettres accompagnent les tableaux symboliques qui pour chaque occasion déterminent leur valeur, et dont à leur tour elles définissent le sens en les rendant, en quelque sorte, lisibles. On voit de tels caractères même en dedans des aîles qui enveloppent les symboles déjà expliqués. Il n'y en a que quatre ou cinq. Deux rectangles du carré qu'on sait désigner des *dieux*, les bras du tout-puissant, surmontent le signe ordinaire du soleil, d'Horus ou *Or*, répété dans plusieurs de nos inscriptions; de la même manière que les serpens, symboles des dieux, sont rangés au dessus du scarabée, symbole du soleil. Les deux autres signes combinés me paraissent exprimer, l'inférieur, le génitif, *du*, et l'autre *très-grand*. Je vous dirai bientôt mes raisons. Lisez en attendant: *du très-grand soleil et des dieux:* le temple étant, comme d'usage, sousentendu.

En dehors des aîles du globe solaire se présente d'abord, vis-à-vis la droite du lecteur, le caractère toujours revenant du soleil, ou *Or*, adopté dans l'ancien alphabet Egyptien pour O, ou *Or*. Des deux côtés du tableau symbolique la même inscription est répétée, mais variée, toutes les deux devant probablement être lues ensemble. Les six lignes de chaque côté, diversement combinées, font le compte des douze dieux de l'année, du zodiaque, des deux côtés opposés du ciel: et je dis compte, car je suis persuadé qu'une occasion première de ces caractères n'a été, comme chez les Péruviens, que dans l'invention, si facile et si nécessaire, de signes numériques. On voit qu'ici même ils fixent une division, des rapports et un nombre que les symboles n'expriment qu'en général. Vient ensuite le signe de demeure commune, de maison des dieux, dessiné comme dans la *planche I. fig.* 1. Mais au lieu des deux lignes inclinées qui là sont placées dans l'intérieur de cette marque, désignant la réunion réelle ou l'adoption d'un homme dans la maison des dieux, on en voit ici deux perpendiculaires, placées à côté: sans doute parceque les dieux, quoique réunis par le culte d'un même temple, en étaient toujours censés dehors. Dessous est un carré oblong, ouvert d'un côté, avec une ligne modifiante au milieu: figure sur laquelle on voit assises les images des dieux dans les obélisques et ailleurs. Enfin tout au dessous est le signe de consécration, du *Harém;* mais ici sans double sens, pur et surmonté du cercle qui semble en fixer le sens de consacré à la divinité. Vous voyez donc ici, et sans que j'aie besoin de le répéter, l'inscription en lettres, ou lignes, indiquant la même chose que le tableau parlant, qu'elle accompagne.

Cependant, pour lever quelque doute qui pourra vous rester sur le signe de consécration, *v. pl.* 2. *fig.* 15: je dois observer qu'il se présente sur un chapiteau de colonne *pl.* 60. *fig.* 4. de Denon, et dans un de ces tables sacrées, dénommées *phylacteres*, et indiquant à quelle divinité le temple était consacré; comme on le voit dans l'inscription greque du monument de Rosette. Aussi ce caractère est-il placé immédiatement au dessous du signe de la maison de dieu, dans l'inscription du phylactere qu'elle termine, ainsi que sur la façade du temple d'Apollon. Il n'est pas douteux que ces deux caractères n'offrent le sens de *temple consacré*. Le sens des deux autres caractères très-connus séparément, n'est pas aussi certain dans leur combinaison. C'est le cercle du soleil, ou de dieu, du divin en général, de l'éternel; et le signe simple de l'eau, d'un signification aussi étendue, et qui désigne particulièrement le bon. Ces deux caractères accompagnent le nom d'Osiris à côté de son image sur un grand tableau du temple d'Apollon. Ils doivent donc offrir un surnom divin. Est-ce l'éternel, le bon? est-ce la bonté divine; ou la divine pureté, comme dans la combinaison des signes de l'eau et du feu, qui désigne la pureté suivant Horapollo? Ce chapiteau appartient à un temple de l'isle d'Eléphantine. C'est le temple de Cneph, le dieu bon, l'éternel. Les deux serpens, désignant, comme d'usage, les dieux du même temple, accompagnent les phylacteres; et il est remarquable que ces phylacteres, sur ce chapiteau et ailleurs, sont toujours au nombre de dix, souvent surmontés d'une couronne ou d'une autre coëffure symbolique: tout comme il est préscrit, dans le monument de Rosette, pour la chapelle de Ptolomée.

Je ne finirais point si jè voulais m'occuper de ces sortes d'observations. Il faut en revenir au temple d'Apollon et au double caractère que j'ai abandonné sans preuves. La meilleure pour le caractère inférieur m'a été fournie par un grand homme que j'ai eu le bonheur de connaître. Barthélémy pensait que les affixes et préfixes, les lettres modificatrices des langues orientales et surtout du cophte, étaient dues à l'ancienne écriture hiéroglyphique. Le *m* forme le génitif; comme dans Remphan, roi du ciel, composé de *ré et phé*, roi et ciel, et du *m* génitif. Or notre caractère en question est précisément un *m* dans l'ancien alphabet Egyptien. Il est placé dans un endroit où il faut un génitif, et où il ne faut que cela pour completter une inscription de dédicace dans le même style que la dédicace de la chapelle de Ptolomée.

Je n'ai pas d'aussi bonnes autorités pour l'autre signe. Il ressemble à un shima de l'ancien alphabet, devenu angulaire par des motifs fondés sur la géométrie sacrée. Mais il y a lieu de croire que le shima ordinaire et encore conservé et le dessin abrégé de la tête d'épervier: symbole de dieu en général, suivant Eusèbe et même Zoroastre. On sait que l'épervier désignait en particulier le soleil et le dieu très-haut, à cause de son vol élevé et pour mille raisons. Il serait fastidieux de vous chercher d'autres motifs encore de ma conjecture, fondée au reste sur la formule adoptée pour les dédicaces des temples du soleil. Je consens que ce caractère soit regardé comme inconnu ou douteux, jusqu'à nouvelle occasion.

Je vais aussitôt en saisir une, et qui prouve que les deux caractères combinés étaient aussi habituellement employés dans la formule usitée de consécration au soleil. Ils entrent tous les deux, *v. pl. 2. fig.* 16. et de la même manière, dans l'inscription aussi en cinq caractères qu'on voit tout au haut d'un obélisque de Luxor à Thèbes. *v. pl.* 50 et 118. *fig.* 1. de Denon, qui observe que les deux obélisques dont il donne des copies dans ces planches, sont les plus grands des obélisques connus. Ils sont probablement aussi des plus antiques; et peut-être ces deux mêmes qui avaient attiré l'attention d'Hérodote, et qu'il dit avoir été élevés par le fils de Sesostris dans le temple du soleil. Car ils sont dans les ruines du temple immense de cette divinité qu'Hérodote semble désigner. L'inscription sur le sommet est placée entre le dieu assis sur le trône et un homme à genoux devant lui présentant son offrande. Elle n'est composée que du signe ordinaire d'Osiris, le soleil intellectuel, accompagné de la ligne perpendiculaire, représentant des dieux purs, et au dessous de ces caractères les deux que nous venons d'examiner. 'A côté est placée la plume, enseigne des rois du ciel, emblême ordinaire des dieux, désignant leurs qualités sublimes et spirituelles. On pourra lire: *du très grand dieu, roi du ciel.* Cela rappelle le titre du soleil dans une inscription d'obélisque traduite par Hermapion: Ηλιος θεος μεγας δεσποτης ουρανου. C'est l'ordre même dans lequel les caractères correspondans sont rangée dans l'inscription. Ce titre recueilli sur un obélisque semble encore confirmer le sens que j'ai donné au hiéroglyphe douteux du temple d'Apollon; à quoi on peut ajouter qu'il se trouve combiné *pl.* 1. *fig.* 1. avec le *point*, représentant du dieu indivisible, le vrai dieu *suprême*, et qu'il ne peut désigner par consequent que ce titre, ou un équivalent. Il convient de rappeler à propos de la plume et de tous les symboles du même genre, que très-vraisemblablement on prononçait leur nom en lisant les écrits où ils se trouvaient, comme on lit plume céleste, pour titre de dieu, dans l'hymne chrétienne conservée parmi les ouvrages de St. Clément; ou comme on lit sceptre pour roi; étoile pour dieu, et mille exemples pareils dans la Bible. Il est difficile de rendre par un seul mot le sens de ces symboles qui, ayant des significations très-étendues, étaient soumis aux commentaires des docteurs, comme l'étaient, chez les Juifs, les types et les paraboles des Prophètes.

On voit le rapport qu'il y a entre la dédicace du temple d'Apollon et l'inscription de l'obélisque. Il confirme la conjecture du Cn. Denon que c'est ici le protocole de la dédicace du monument: ce que le tableau sculpté indique de même. Il confirme l'avis de Pline que des obélisques étaient consacrés au soleil; à quoi il ajoute que cela se trouvait inscrit sur un d'eux.

Si les caractéres linéaires de la dédicace du temple vous ont fait réconnaitre la consécration d'un obélisque; les symboles de cette méme dédicace vous feront reconnaître la déstination de plusieurs temples Egyptiens par les symboles qui les décorent: entre autres de celui près de Philé et du petit sanctuaire dans cette isle. Les No. 2. et 4. de la planche 116. de Denon en offrent des ornemens de frises. On y voit la tête d'Isis, qui est surmontée d'un temple dessiné dans toutes ces formes. Elle est assise sur un trône entre deux serpens appuyés des deux côtés sur le temple. Ces compositions emblématiques désignent indubitablement que ces temples étaient consacrés *à Isis et aux dieux du méme temple, du même trône.*

Un tableau semblable à la dédicace du temple d'Apollinopolis, est sculpté en grand au fond du sanctuaire du temple qui est dans l'isle près de celle de Philé sur les frontières de l'Ethiopie.

Le Cn. Denon y a cru reconnaître l'emblême de sa consécration. *V. pl.* 122. *fig.* 2. L'inscription sur une tablette sacrée, et dont je joins la copie, *v. pl.* 2. *fig.* 11. m'a paru addressée *au maître suprême de l'univers, le grand roi des deux hemisphères, au soleil roi du ciel et de la terre.* J'ai dans mes notes, et je crois d'après l'autorité d'Eusèbe, que le segment inférieur du cercle dénote le monde. C'est peut-être parcequ'on regardait le monde sensible comme la partie inférieure du cercle du grand tout, et la copie du monde supérieur, intellectuel, représenté par le segment supérieur. Peut être aussi qu'on a cru voir l'hémisphère inférieur par rapport à la terre manifesté de nuit dans le ciel des astres, qui est l'univers matériel. On voit par là qu'on pourra également traduire ici *maître suprême de l'univers* ou *grand maître du ciel*. L'un et l'autre de ces titres sont donnés au soleil dans la voix qui se fit entendre à la naissance d'Osiris, et dans la traduction de certains hiéroglyphes fait par Hermapion. Celui de grand roi des deux hémisphères, ou des régions supérieures et des régions inférieures, lui est donné dans l'inscription greque du monument de Rosette, où ce titre lui est commun avec le roi d'Egypte, d'après un usage dont Clément d'Alexandrie fait mention. On y donne même le nom de *phylactéres* à la table qui, attachée à un tétragone sur la chapelle consacrée au Roi, devait porter pour toute inscription: „*de ce roi qui a rendu illustres la région d'en haut et la région d'en bas:*" la chapelle étant sousentendue. Cela est analogue, comme vous voyez, au titre qui est ici donné au soleil, et sur un table pareille.

Le hiéroglyphe de ces régions ou hémisphères vous est déjà connu par la façade du temple d'Apollon. Celui du soleil vous est connu par plusieurs exemples. Mais il prend dans la copie de Denon la forme d'une hache de charpentier. Il se peut que ce ne soit pas une meprise, et qu'il représente le titre si souvent répété d'artisan, de fabricateur de la terre. La hache était d'ailleurs le sceptre des rois de Phrygie, comme l'enseigne du pouvoir consulaire de Rome. Le sceptre royal ordinaire qui accompagne ce signe, et la tour crenelée de Cybèle sont des marques, de tout tems connues, d'un roi et de la terre habitée. Le premier est le sceptre pris pour roi dans la bible. Le second répond au mot οἰκουμενη dans l'inscription d'un obélisque, traduite par Hermapion, et où le soleil en est nommé le roi. Les inscriptions que je vais vous soumettre, vous feront juger des autres raisons sur lesquelles est fondée ma conjecture, qui s'étend également aux deux grands hiéroglyphes, ou attributs placés solemnellement des deux côtés de ce tableau. Ils m'ont paru répéter les titres de *grand dieu, ésprit, suprème* et de *grand dieu de la nature.*

En attendant que vous puissiez leur reconnaître cette valeur, *v. pl. I. fig.* 3. vous me permettrez de confirmer le sens de l'inscription *fig.* 6. *pl.* 1. par sa variante sur un temple monolythe, ou sanctuaire qui est dessiné dans un manuscrit de Denon *pl.* 125. *fig.* 13. Je l'ai fait placer à côté de la première. La petite ligne horizontale dénotant tout pouvoir premier, puissance, maître, roi, est ici rangée au dessus des autres qu'elle qualifie, et répétée pour désigner au pluriel *les rois, les puissances célestes: le soleil et les dieux:* ce qui est le contenu de cette dédicace analogue à celle des grands temples. Il est remarquable que le premier caractère du soleil n'est plus ici celui d'Horus, le grand *O* de l'alphabet Egyptien, mais la figure très-exacte d'un des petits *o* du même alphabet.

Il doit s'agir du soleil intellectuel, d'Osiris; comme il est probable par les autres figures du même *o*, dont l'une contient même les deux premières lettres du nom d'Osiris, *o* et shima, qui prononcés avec leur noms ont rendu peut-être en entier celui du dieu, de même qu'elles désignent en hiéroglyphes ses noms divins et ses qualités.

L'inscription *fig.* 12. *v. pl.* 2. *fig.* 12. est copiée sur le devant du corps carré qui soutient un petit buste d'Horus, porté sur les bras d'une statue très-antique dans la collection du comte Caylus. Elle m'a paru contenir à peu près ce sens: *Le soleil, roi du feu intellectuel, maître de la vie du juste qui s'élève vers lui, le seigneur dieu.* Le hiéroglyphe du soleil vous est déjà connu. Le premier titre qu'on lui donne ici est un de ces termes des mystères, noms divins du soleil employés par Proclus: initié trés indiscret qui, à la chute de l'ancien culte, en a divulgué les secrets, et dans le nombre celui des hiéroglyphes. La pyramide qui entre dans la composition de ce titre, représentait le feu dont elle a reçu son nom Grec. La ligne perpendiculaire de l'unité, dénomnomée pure, représentait les dieux purs, simples, intellectuels; et le divin, l'intellectuel en général. La pyramide combinée avec elle peut donc signifier le feu pur, intellectuel. On sait que la vie des justes, des hommes droits et purs, des initiés qui se consacraient au soleil, leur protecteur, était regardée comme une élévation perpetuelle vers leur origine céleste. L'auteur que je viens de citer la définit, et en même tems la figure qui la représente: videatur *recta linea, quae ad angulos rectos erigitur*, vitam ab inferioribus in altum tendentem, pureque atque inconta minate adscendentem, ad deterioraque inflexibilem manentem imitari. On ne peut pas distinguer dans la copie du comte Caylus, si la ligne perpendiculaire de ce hiéroglyphe n'est pas surmontée d'une plume: ce qui confirmerait le sens que lui donne Proclus. Car cette plume annonçait, dit St. *Dionysius*, l'élévation de l'esprit et de l'ame, comme celle des oiseaux dont elle est l'instrument; et c'est pour cette raison qu'elle décorait la tête des scribes sacrés et des initiés, des justes représentés par la ligne droite. On ne peut non plus avoir une certitude entière sur le ligne horizontale et la perpendiculaire, représentant dans leur combinaison, le seigneur et le dieu; le monument étant cassé dans l'endroit de ces caractères.

Mais la première mérite ici attention dans sa combinaison avec le premier caractère de l'inscription, le signe connu du soleil qu'elle traverse deux fois, étant elle-même modifiée. Il m'a paru que ces sortes de lignes, une ou plusieurs, modifient, au même nombre qu'elles-mêmes, les caractères qui accompagnent celui qu'elles traversent et désignent qu'ils y sont subordonnés. On voit qu'étant ici au nombre de deux elles régissent les deux caractères suivans et divers. Dans l'inscription *fig.* 6. elle régit de même le signe répété des dieux pris collectivement, et on doit lire: *le soleil maître des dieux.* J'ai reconnu plusieurs de ces moyens fort simples de modifier et de combiner les mots représentés par des signes; d'indiquer leur dependance entr'eux; de désigner les tems comme les cas et les modes. Quelquesuns sont même constatés par les temoignages d'anciens écrivains.

On ne saurait dire si notre inscription est complette, ou non. La table qui porte d'autres caractères placés derrière cette figure d'Horus, est dumoins entière; et son inscription *v. pl.* 2. *fig.* 13.

semble confirmer le sens de celle qui est placée devant. Elle est en symboles. Ce sont le globe aîlé et le scarabée, emblêmes célèbres du soleil intellectuel, et du sensible des deux hémisphères, par le feu duquel on arrivait à la communauté du premier, après avoir passé, dans les mystères, par les purifications de l'eau. Cette réunion est ici désignée par sa marque ordinaire, environnée du signe de l'eau, répété autant que ces purifications, ou quatre fois, dont trois entre les symboles du dieu et la marque de sa communion. Les néophytes de la premiere purification étaient en effet au *dessous* de la dignité qu'elle désigne, et qu'on ne recevait qu'après la premiere purification et grade de l'ordre antique des Mystéres. C'est donc ici leur représentation symbolique, l'échelle sacrée de cinq degrés, par laquelle l'ame immortelle de l'homme remontait à sa source à l'ame du monde, et par le feu mediateur, intellectuel, dont la représentation est particulièrement réservée pour le devant de l'idole, et en ces caractères par lesquels les époptes parvinrent à voir les choses telles qu'elles sont, à considérer dieu face à face, et non plus par derrière. C'est un exemple remarquable de l'emploi différent des deux genres d'hiéroglyphes.

Il y a encore un fragment d'inscription sur la statue brisée de femme qui porte l'image d'Horus. On voit par ce commencement qu'elle a dû developper, comme d'usage, l'inscription sur l'idole et la sainte doctrine concernant le dieu. Il est hors de doute que cette doctrine était celle des Mystères, apportée en Grèce par Orphée et ses successeurs. C'est là qu'on peut retrouver dans ses fragmens, des secours utiles par l'explication des hiéroglyphes qui regardent le culte.

En quittant ici ces inscriptions mystérieuses, *v. pl. 2. fig.* 18. je ne puis résister à la tentation de les faire suivre d'une autre analogue. Elle est en trois caractères tracés à la jointure du bras avec la main d'un héros initié qui porte dans cette main la croix, réunie au cercle de la *perfection*, emblêmes et noms consacrés des Mystères. V. Denon *pl.* 128. *fig.* 2. Quoique ces caractères y soient trop petits pour être bien distincts, ils m'ont paru présenter deux signes très-fréquens de l'*homme* et d'*Osiris*, et entre deux la ligne pure, droite; marquée à sa partie supérieure, par l'angle recueillant d'Osiris, et la croix, combinés à peu près comme dans la signature des initiés modernes. C'était l'ancien signe de consécration aux dieux, de reception dans leur communauté. Le sens de ces trois caractères peut donc être: *homme pur et saint d'Osiris:* ou par périphrase: homme juste, pur et droit, semblable aux dieux, marqué de la croix ou consacré à Osiris, reçu dans sa communion. C'est le fameux stigmate, reste de marques tatouées des sauvages, qui s'était toujours conservé en Egypte; qui, suivant Lucien, distinguait tous les Assyriens; dont il est parlé dans la Bible, et dont l'usage s'est conservé jusqu'à nos jours parmi les pelerins et les marins de cultes divers. C'est le *Codesch Jehovah*, le *dei sum*, l'*abd'ullah;* la propriété, le saint de dieu et son serviteur: la formule chez tant de peuples inscrite à la jointure du bras avec la main, et qui s'étendoit même aux militaires qui portaient ainsi le nom de leur chef. Mais ces stigmates étaient surtout une distinction réligieuse; et il m'a paru piquant de vous communiquer celui d'un de ces rois de la Haute-Egypte qui ont précédé l'age de l'histoire. Car c'est à Eléphantine, sur la frontière de l'Ethiopie, qu'on voit aussi cette figure d'un héros qui parait même représenté dans les cérémonies des Mystères. Il en reçoit un grade, le bandeau sacré, qu'il porte avec le diadême fait de serpens entortillés. Il porte aussi, dans des scènes diverses, le collier, la tunique religieuse et le sceptre. Les sept serpens, représentant les planètes, sont suspendus à sa ceinture, ou *Zône*, dont l'agraffe est décorée de la tête de chat de la nature. On voit dans la même planche de Denon plusieurs détails inseressans de la célébration des Mystères. Elle offre entre autres, le hiérophante assis sur le trône, représentant le demiourgue, le Jupiter Amoun, ou le caché. On y voit l'épibome, ou l'assistant de l'autel, et même un prêtresse de figure non équivoque: ce qui leve le doute qu'on a eu sur ce point. On y voit enfin cette couronne de palmier, dont les feuilles formaient une espèce de *gloire*, et qui était particulièrement réservée à la célébration des Mystères.

Les siècles destructeurs ont exposé au jour tous ces secrets en ouvrant les flancs des impénétrables sanctuaires de l'antique Egypte. Il nous invitent à les connaître enfin. On n'a qu'à examiner ces ruines. On n'a qu'à descendre dans ces tombeaux, sur lesquels cent générations se sont agitées en vain. Les morts nous pardonneront de troubler un repos aussi long. Partout on reconnait les signes caractéristiques des Mystères. Tantôt c'est sur un manuscrit une prêtresse, ou sacrificateur revêtu de la peau de faon, offrant les prémices des fruits sur la table d'Osiris et portant dans la main une autre offrande aussi déterminée par les saintes loix. v. Denon pl. 138. Tantôt c'est la cérémonie, ou partage des viandes, qui se faisait aux initiés par le ministere du Mystagoque. *id. pl.* 126. *fig.* 10. Elle avait rapport à la fable d'Osiris mis en pieces par Typhon et ses compagnons. Partout on voit affectés de certains nombres consacrés. Ce sont vingt-cinq, ou vingt-six, quatorze et onze personnes: nombres aussi affectés à la Chine et aux Mexique, comme sur le theatre religieux d'Athènes dans les personnages des choeurs. C'est par le même motif que le nombre des *Gérairai*, ou prêtresses de la fête de Bachus, était fixé à quatorze. Sept hommes et sept femmes qui montent un escalier dans le temple de la Rhée Egyptienne, rappellent les Titans, enfans de cette déesse. Denon *pl.* 131. *fig.* 3. Cette figure même qui aurait paru au Cn. Denon la représentation d'une cocagne si la gravité du lieu ne l'eut averti de penser autrement; cette figure représente une cérémonie connue de purification par l'élément de l'air, appartenant aux Mystères des Bachus. Servius en fait mention à l'occasion de ce vers de Virgile:

Oscilla ex alta suspendunt mollia pinu.

Les personnes qui montent le mât sur cinq cordes, ou autant que les degrés de l'iniation, ont la tête décorée de la plume distinctive des initiés. Ce qu'ils doivent saisir vers le sommet du mât, est cette figure faite de feuilles ou de fleurs, sur le nom de laquelle il convient de garder la discrétion d'Hérodote. La tête d'Isis et ces symboles mystérieux couronnent le tout; et l'inscription y a rapport. *v. pl.* 121. *fig.* 3. de Denon.

Nous allons voir cette tête d'Isis dans une position plus imposante *pl.* 2. *fig.* 14. C'est sur son temple; et je joins ici la copie des inscriptions qui l'environnent. Elle est empruntée de la *pl.* 116. *fig.* 1. de Denon, qui observe que ces hiéroglyphes décorent la corniche extérieure de la nef du grand temple de Tintyra, que cet ornement en se répétant fait le tour de cette partie du monument. La tête de la mère universelle est comme assise sur un trône. Elle est couronnée du demi-cercle lunaire et de cornes environnant l'emblême de la terre, ou l'oeuf du monde, symbole de l'origine des choses. Trois divinités sont répétées de deux côtés, et autant d'inscriptions en symboles parlans et en caractères linéaires, qui répétent et développent, comme d'usage, le sens de ces symboles: ou c'est plutôt la quatrième inscription supérieure qui remplit ici cet emploi. Les symboles d'inscription sont tracées sur des tablettes placées, à l'égal des dieux, sur des trônes et surmontées de globe à double plume.

Cette circonstance; la répétition si multipliée des mêmes symboles, et inscriptions tout autour d'une frise de temple, et environnant la tête de la déité à laquelle il était dédié; d'autres indices encore semblent déceler quelques attributs et titres consacrés, quelquesunes de ces notes et de ces symboles, propres à chaque divinité particulière, que Porphyre, cité par Eusèbe, dit avoir été affichés sur les images des dieux et à l'extérieur de leurs temples, et qu'on croyait *munis d'un pouvoir merveilleux*. Ce sont, sans doute; ces titres des dieux inscrits sur leurs temples, et dans des tables sacrées, qui obtenaient le nom de *phylactères*; comme on le voit par l'inscription greque du monument de Rosette, où l'on donne ce nom à la table attachée à un tétragone sur la chapelle du roi, qui contenait son titre imité de celui du soleil. Les inscriptions de ces phylactères passaient dans les talismans salutaires que les particuliers portaient ensuite sur eux; et se serait donc ici peut-être quelqu'un de ces formulaires vénérés, connus du peuple auquel parlaient les tableaux symboliques, et qui en aurait pu conserver un long souvenir par cette obstination à conserver d'antiques superstitions, dont les orientaux s'honorent.

Nous retrouverons peut-être quelque chose de pareil. Mais j'avoue que je n'avance ici qu'avec une certaine timidité; et avant tout il faut examiner le tableau. La première des figures qui environnent la face divine, celui de ces assistans qui est le plus près d'elle porte une coëffure d'Horus, symbole du *monde* visible. Il est en marche commes les astres qu'il représente et dans une attitude fière, tendant un bras provocateur. C'est le *bras du monde;* et qui forme avec son corps le hiéroglyphe rectangulaire des dieux physiques, dénommés bras du monde. Nous avons déjà eu des exemples de ce mode de représentation, dont les monumens sont remplis, dont Plutarque fait connaître le principe, et qui indiquent le motif des formes carrées et angulaires des statues Egyptiennes, ainsi que la véritable origine du beau style idéal des Grecs, à l'occasion duquel, pour le dire en passant, on a tant soit peu radoté. Il n'y a pas le moindre doute que cet Appollon Egyptien ne soit le premier modèle de l'Appollon du Belvedère. Je ne saurais distinguer toutefois ce que le premier porte ici dans la main droite. L'autre main est munie de la fameuse croix des quatre dimensions du sensible Tout, réunie au cercle parfait et divin, sans commencement et fin. Cette croix réunie à l'ovale du monde terrestre, matériel, est aussi placée entre lui et la tête d'Isis. La coëffure de cette tête est répétée sur la tête de lion du second assistant assis. Le troisième à tête d'aigle semble par cette tête ainsi que par sa figure appartenir à Osiris, ou à son type. Tout les trois constituent la fameuse triade. C'est le monde visible; le ciel intellectuel; et Neith, la divinité des idées-modèles qui remplit l'espace entre deux. Le représentant du monde physique est seul debout et en marche. Les autres sont des principes immuables et en repos, des divinités assises.

Celle du milieu porte en main la croix simple. La troisième porte le bâton perpendiculaire, symbole de dieu, surmonté du cercle solaire et traversé trois fois par une ligne horizontale, modifiée et exprimant d'après nombre d'indices, le grand, l'éminent. Ce symbole est donc celui du *soleil*, *très grand dieu*, ou trois fois grand: ce qui était son titre ordinaire. On connait l'usage des langues orientales, emprunté peut-être de l'écriture par signes, de répéter un mot deux ou trois fois pour obtenir l'effet d'un superlatif. Cet usage avait passé dans le Grec; et dans le monument de Rosette Hermes est nommé *le grand et le grand*. Sur la table sacrée ou phylactère du temple, et à côté de l'image de ce Mercure Egyptien, son hiéroglyphe est accompagné de celui qui parait ici désigner le grand, et qui est là deux fois répété. C'était l'etiquette des temples. L'article français *très*, qui est le nom latin de trois et qui forme le superlatif très-grand, très-puissant, ne répond-il pas à ce mode hiéroglyphique?

L'inscription tracée dans une table ovale des deux côtés de notre tableau symbolique, répéte d'abord l'aigle en entier, lequel ainsi que le lion, signifie *dominateur*. *) La main droite ouverte, qui suit, désigne le *bienfaisant*, tout ce qui pourvoit aux besoins de la vie, suivant l'expression de Diodore. Le Casque **), première arme *défensive*, et la crosse pastorale du *gardien* des troupeaux, qui est une des enseignes principales d'Isis, sont ensuite rangés sur

*) v. H. περὶ βασιλειας.

**) C'est l'original du casque de Minerve. On voit que la puissance, la bonté et la sagesse de la divinité sont représentées dans l'inscription, comme par les trois grands symboles.

une même ligne. Ils sont suivis de ce signe de réunion, de *conjonction*, qui sur la *pl.* 1. *fig.* 5. répond à celui de la fig. 1. dans la même planche, que nous avons déjà vu souvent répété. Il est même ici dans l'inscription en caractères linéaires, placée à côté de la tablette pour répondre à celle qu'elle contient. L'inscription est terminée par le signe connu de l'eau, emblême de la purification sainte et de tout ce qui s'ensuit, représentant, avec ce principe de la génération et de la régénération, nombre de *bonnes* choses qui y ont rapport ou connexion. Ce signe qui figure aussi une riviere et le Nil, désigne, dans le style de la bible, la douceur, le *plaisir*, l'*aimable* et ce qui cause la *gaieté* *). Il parait. ainsi que celui de réunion, combiné avec la main placée entre deux pour les régir; de la même manière que dans Horapollo, l. 27. la main placée au dessous d'une langue signifie le discours, ou l'action de la langue. Car la main, instrument de l'action de l'homme et cause agissante, désigne partout les *causes* et l'action.

Toute l'inscription pourra ainsi offrir ce sens: *dominateur; bienfaisant; défenseur; gardien; cause d'union, de joie, d'amour et de plaisir.* Tous ces titres appartenaient à la bonne déesse, puissante et protectrice, qui répondait à la plupart des déesses greques, et nommément à Venus.

L'inscription à côté réunit les symboles principaux au dehors et au dedans de la table sacrée. Mais elle ne les répete qu'en abrégé. C'est par l'oeuf de la génération qui couronne Isis; par le bras provocateur et cause, dont des lignes droites dessinent la forme avec

*) Il m'a paru que ce caractère ne désigne l'eau au propre que lorsqu'il est double, comme dans le signe du Zodiaque.

l'angle du coude; par le signe de réunion, environné de quatre lignes droites accouplées. Celles-ci paraissent désigner autant de qualités divines, les causes premières et élémens dont Isis est le lien, et remplacer ici les grands symboles représentant dans le tableau les titres de la déité. Cette inscription peut donc exprimer en abrégé, mais d'une manière plus definiè: *mère des choses*, *cause ou provocatrice d'union* etc.

Après ces explications plausibles, on desire cependant quelque autorité pour l'ensemble, aussi déterminée que celle qui constate le sens des caractères isolés. Vous pensez sans doute comme moi, qu'une pareille autorité est encore tout-à-fait nécessaire. On ne peut guères la trouver que parmi les formules, ou les sentences conservées dans l'histoire, dans les expressions des anciens écrivains, dans les liturgies du culte et dans la superstition des peuples. Notre inscription principale contient une semblable formule. Car elle se trouve sur une de ces tablettes qui les portent d'après l'autorite de Porphyre et l'opinion des savans, ou même d'après usage conservé encore dans tout l'Orient. Ces circonstances invitent à rechercher si le peuple qui pendant tant de siècles a connu le sens de cette inscription si multipliée et si parlante, qui pendant tant d'autres générations y attachait l'opinion d'une force magique, salutaire ou redoutable; qui a conservé jusqu'à nos jours tant d'usages, tant de débris informes de connaissances et d'opinions antiques; si ce peuple, dis-je, n'a pas conservé quelque secret mystérieux concernant la bonne déesse, qui à rapport à notre inscription.

Il est à observer que l'ancienne réligion des Arabes et ses nombreux symboles, leurs idoles et tous les details connus de leur culte ont le plus grand rapport avec les institutions de l'Egypte, pays que de tems immémorial ils ont fréquenté et même conquis, dont une partie portait anciennement leur nom, et où ils ont appris tout ce qu'ils savent. Mahomet n'a fait que réformer cette religion antique en abolissant les images, restées toutefois dans la langue. Les superstitions sont aussi restées dans l'esprit et dans les passions du peuple. Il est donc vraisemblable qu'un objet si plein d'attrait pour l'un et pour les autres, si important au bonheur, si flatteur et si merveilleux a pu être conservé chez une nation, gardienne fidèle, depuis le tems d'Abraham, des traditions de ses ancêtres. Il est avéré que les connaissances recueillies en Egypte par les Arabes savans, le siècle même d'après la dernière conquête, et qui suivant St. Justin, y étaient en partie populaires, découlaient de la vénérable source de la sagesse Egyptienne. Il est constant que cette doctrine a été conservée et malentendue dans une tradition non interrompue, par les sectes philosophiques et ensuite religieuses de l'Orient et de la Grèce; que ses caractères mêmes consacrés d'écriture étaient encore en usage du tems de historien de l'église Rufin. La sagesse des conquérans arabes se composait de ces débris, se formait de géométrie, d'Astronomie, de Chymie, et plus encore des abus de ces sciences. Les idées les plus absurdes de magie, la confiance dans la force des caractères mystiques, des amulettes et des talismans; une cabale enfin entraient essentiellement dans le système de ces savans. Ils ne s'éloignent point de ce que Jamblique et les écrivains Grecs de l'Egypte ont avancé sur le système Egyptien. Ils s'accordent surtout avec eux quand ils traitent des hiéroglyphes, souvent l'objet de leur curiosité. Ils indiquent même des livres écrits dans ces caractères, conservés dans lé tresor du souverain.

C'est dans un de leurs écrits qu'on retrouve les paroles efficaces et antiques qu'on doit inscrire en caractères mystérieux, et sans y rien changer, sur les cachets astronomiques et conjuratoires des astres. Y changer la moindre chose, serait en perdre tout l'effet. Mais ce trésor de connaissances divines transmis à la postérité par les pères de la nation, n'est confié qu'à ses premiers docteurs, les élus de dieu, vases de sagesse. Eux seuls connaissent le vrai secret et la source des talismans, tandis que le peuple en voit un dans chaque pierre des antiques ruines. La formule pour le talisman de la lune est d'une simplicité qui dévoile son origine, et fait assez connaître que la vénération seule attachée à sa haute antiquité y a pu trouver quelque chose de mystique, Elle est en quatre mots ainsi traduits par Kircher: *dominator*, *beneficus*, *defensor*, *custos*. Le cachet de l'étoile de Venus doit porter: *sator dulcis*, *provocator conjunctionis*, *laetitiae*, *amoris et verae dilectionis*.

Je n'ajoute qu'une réflexion. Cest que nos savans conservent encore, comme marque de la planète de Venus, le caractère ♀ de notre inscription. C'est que les peuples du midi de l'Europe désignent les heures par le nom du dieu Egyptien *Or* ou *Horus*, d'où le nom grec du tems et des saisons et ensuite *horae* et heures: dénomination qui à chaque heure devait nous rappeler l'influence éternelle et silencieuse d'un peuple qui fit le présent des sciences au genre humain et qui n'est plus.

Pour ce qui regarde l'inscription qui surmonte tout ce tableau, également répétée des deux côtés de la tête d'Isis, il y a des varianes des deux côtés qui pourront bien être dues à quelque inadvertance de copiste, mais qui rendent embarrassante toute tentative de l'expliquer. Cependant ce qui frappe d'abord en la considérant, c'est son rapport avec les Symboles du tableau; c'est vis-à-vis la droite du lecteur, le soleil qui répand ses rayons et à côté un hiéroglyphe d'Isis entre ceux d'Osiris et d'Horus. On voit qu'il s'agit toujours de la reine de la nature qui occupe un trône commun avec ces dieux; reine divine, protetrice du ciel éternel, et qui a cueilli ici bas le fruit pour les hommes. On voit qu'il s'agit du triple ministère et de la triple opération de la divinité mystérieuse et cachée, qui se leve dans l'astre de Sothis; le gardien du ciel, dont l'oeil commande à son comble lumineux, aux cours salutaire de l'onde; divine nature: reine divine, qui domine le monde; qui est le monde; qui est Tout.

En abandonnant ici ce tableau, je ne sais s'il m'est permis de chercher un appui à la première conjecture que j'ai avancée à son égard dans une nouvelle conjecture sur un exemple tout pareil. Toutefois est-il singulier qu'une inscription principale sur le temple d'Hermontis, ou de la ville du Mercure Egyptien près de Thèbes, semble répondre précisément à la formule consacrée à Mercure qui a été conservée par les Arabes. Elle est inscrite sur une tablette semblable à la première et accompagne l'image monstrueuse d'Hermanubis, si souvent répétée dans ce temple qu'on peut croire, dit le Cn. Denon, que ce monument lui à été consacré. Elle a donc tous les indices d'une sainte formule. Ne voulant pas trop me mêler de magie, j'emprunte la traduction latine, faite par Kircher, de la formule que les Arabes ont conservée: *Evocator, vox rationalis et sapientis, acutus et cuncta prophetizans.* J'y *pl.* 2. *fig.* 10. ajoute la copie de l'inscription de la *pl.* 120. de Denon; mais il faut y examiner l'image qu'elle accompagne, à laquelle je la crois essentiellement liée, et qui, présentant la tête prophétique du chien avec un ventre énorme, s'appuye sur des ciseaux, ou un compas ouvert de manière à former un angle aigu. Plutarque dit de ce dieu des lettres et de l'instruction; conducteur des morts et qui évoque les ames; gardien des dieux; canicule; horizon et bien d'autres choses: qu'il est selon quelquesuns le tems. Il ajoute qu'il n'a eu parmi le peuple le nom de chien que parceque ce nom équivoque désigne celui qui engendre tout de lui même et porte tout dans son sein: que c'est là la doctrine secrète du culte d'Anubis. Je ne sais si c'est là aussi le secret du gros ventre capable de tout contenir. C'est dumoins un nouvel exemple propre à dévoiler celui de certains hiéroglyphes.

Vous ferez au reste vos réflexions sur le sens que peut offrir cette image symbolique, combinée avec l'oie oiseau de Mercure et symbole de la vigilance par lequel Socrate avait coûtume de jurer, comme par le chien, et par tous les deux d'après la doctrine Egyptienne; avec l'oiseau de Minerve, emblême de la raison et de la sagesse, oiseau bruyant d'ailleurs et de mauvais augure appellant au tombeau, mais annonçant tout ce qui doit arriver aux hommes *) représentés ici par un de leur semblable. Vous remarquerez que l'ordre de la formule arabe est conservé.

Un autre formulaire indubitablement Egyptien est l'éfficace et courte prière, aussi antique que l'institution des Mystères, et que dans leur célébration les *Théologiens* addressaient au soleil. Ils dé-

*) Voyez sur ces opinions égyptiennes, Manethon et l'arabe Abenephi cités par Kircher.

montraient par là, dit Macrobe, ou définissaient le pouvoir du soleil comme le *sommet des puissances:* terme qui parait être traduit du hiéroglyphe principal d'Osiris. Cette prière ne contenait que les titres mystérieux du dieu, ses noms saints qui, munis d'un pouvoir magique, devaient accompagner son image: „Tout-puissant soleil, souffle, ésprit ou ame du monde; lumière du monde; force du monde.“ Ἥλιε παντοκρατωρ, κοσμου πνευμα, κοσμου φως, κοσμου δυναμις.

Je conjecture, mais je n'affirme point, qu'elle est rendue par la petite inscription en quatre ou cinq caractères, qui, tracée sur le sanctuaire d'Osiris, accompagne son simulacre principal dans une procession solemnelle gravée par Denon *pl.* 134. Les simulacres de ce dieu qui, suivant un ancien, n'étaient exposé au public qu'une fois l'an, y sont promenés comme l'étaient les images des dieux dans la célébration des Mystères et dans ceux du dieu de Nyse, l'Osiris Grec. Ils sont environnés de prêtres et d'initiés de tous les grades avec leurs marques distinctives. On les voit adorer le simulacre dont l'autel est couvert d'offrandes. On en voit un à genoux; et plusieurs de ces Théologiens semblent proférer la courte invocation de leur liturgie, préscrite pour l'occasion: les titres du dieu écrits au dessous de son image, comme ils devaient l'être. Observez que ce tableau nous est offert à Thèbes, lieu natal de la fondatrice noire de l'oracle de Dodone et du culte des Grecs. C'est à Thèbes que cette inscription accompagne la divinité à laquelle était consacré le temple de Karnak, le plus grand de Thèbes, dit le Cn. Denon, un des plus ancien et des plus grands qui aient jamais été construits, et dont les ruines, *veterum Thebanorum magna vestigia*, étaient digne du pinceau de Tacite. Elle est prise parmi ces bas-reliefs historiques si exactement décrits par Diodore de Sicile, qui ajoute la tradition sur leur sujet conservée encore de son tems. J'en joins ici la copie. *v. pl.* 2. *fig.* 19.

Elle offre pour premier caractère la ligne de l'étendue avec ses limites; symbole convenable du dieu dont les forces, suivant Plutarque, se manifestent surtout dans la fixation des justes limites des choses. Il semble ici combiné avec la ligne suivante, droite, horizontale, qui désigne, comme on le sait déjà, le pouvoir, le puissant. Proclus dit que cette ligne droite est la note, entr'autres, de la *toute-puissante* providence, présente partout. Il définit ailleurs la perpendiculaire. Je dois aussi observer sur le premier caractère très-fréquent parmi les hiéroglyphes, avec un grand nombre desquels il se combine, qu'il semble rendre un terme général, d'un effet superlatif, qui fixe le sens de ces caractères et y ajoute, comme le mot grand, ou tout en tout-puissant. Nous avons déjà eu plusieurs exemples du premier cas; et j'ai cité le titre honorifique d'Hermés qu'il exprime par sa répétition. Nous avons vu la combinaison des deux caractères transposés et designant *grand*, ou *suprême maître* dans l'inscription adressée au soleil *pl.* 2. *fig.* 11.; et la ligne avec ses limites désigne le grand dans les deux symboles dont on a parlé à l'occasion de cette inscription. L'idée du grand et du très-grand répond en effet à celle de l'étendue avec ses bornes; de même que le *maître de l'étendue et de ses limites* parait assez bien traduit en Grec par le mot παντοκρατωρ.

La première note suivante vis-à-vis la droite du lecteur, est le cercle du spirituel avec la figure rectiligne du matériel. Mais ces élémens ne sont pas réunis ici; comme c'est l'ordinaire ailleurs.

Proclus après avoir développé leurs motifs, s'explique ainsi: „unde porro Timaeus cum universi elementa *rectilineis* constituisset figuris, motum ipsis *circularem* et informationem *ab ea quae mundo insidet anima* praebuit: et plus bas: ergo circulus animas tenet. C'est bien là définir notre hiéroglyphe de l'ame du monde.

Le caractère qui lui succède est le hiéroglyphe connu du dieu de la lumière. Mais il est modifié dans sa partie supérieure par la ligne transversale, paroissant régir le caractère d'Isis: le monde, qui lui est attaché dans sa partie inférieure, pour exprimer ainsi, à ce qu'il semble, la lumière du monde. On voit que le hiéroglyphe d'Isis supporte celui de son fils, dont sa statue porte si souvent l'image.

La dernière note est celle qui le plus fréquemment distingue Osiris dans sa qualité de force qui contient l'univers et réunit ses parties par leur comble céleste. C'est le sommet des puissances dont parle Macrobe comme une qualité du soleil, démontrée par l'invocation ainsi rendue. C'est l'ancien caractère chinois du comble, réuni à la note perpendiculaire de dieu et présentant l'idée du *dieu-comble*, ou le ciel vivant qui étoit Osiris. C'est le sommet du triangle; et c'était là la doctrine secrète. Ce caractère retraçait aussi aux yeux du peuple la figure de l'instrument que le dieu porte en main: circonstance qui fait également reconnaître les hiéroglyphes d'autres divinités, rendant la forme des attributs qu'elles portent. Je ne dois pas négliger la remarque que les trois notes de l'inscription qui rendent les trois termes correspondant, ame du monde, lumière du monde, force du monde, sont rangés ensemble sur une même ligne transversale; tandis que les deux signes combinés qui expriment le terme général, l'adjectif commun des trois, les surmontent et sont placés l'un sur l'autre. Tant de rapports ne semblent pas pouvoir être dûs à un simple hazard. Mais sans entrer dans aucun détail ultérieur et sans m'entêter de la chose, je vous renvoie à mes autorités antiques et aux Mathématiciens.

Il est plus important, sans doute, afin de ne pas manquer à une déesse, de chercher pour Isis aussi quelque inscription assez solemnelle et assez connue pour avoir été traduite et conservée par les Grecs plus galans que les arabes. Il est juste de la mettre ainsi en parité avec les dieux, son époux et son fils.

Je crois en avoir trouvée une sur une croix dans la collection du Cte. Caylus. *v. pl. 2. fig.* 17. Je vous en présente la copie. Je n'examine point l antiquité de l'amulette quoique je ne vois pas trop pourquoi il ne pourrait pas être aussi antique qu'un autre monument quelconque. Ce qui est certain, c'est l'antique pureté des caractères qu'il contient, et l'adoption de la croix comme un signe dès le temps que le genre humain sut distinguer et voulut désigner les quatre côtés où aboutissent les rayons sortis du centre dans lequel se place chaque individu. Les *quatre côtés* désignent encore le tout et *partout*, dans une expression proverbiale de plusieurs peuples; et c'est là je crois le secret de la première invention de ce Signe. Quoiqu'il en soit, il a continué de représenter les quatre points cardinaux et tout ce qu'ils renferment, le monde et son modèle, Isis en un mot, et Neith qui sur le temple d'Isis tient cette croix en main.

Les premiers caractères inscrits sur la croix qu'on examine ici, c'est vis-à-vis la droite du lecteur la petite ligne horizontale, signe de Seigneur et maître, avec la courbe de la crosse pastorale d'Isis, qui ensemble font un *N*, représentant de Neith dans l'ancien alphabet Egyptien: alphabet qui a aussi adopté ces deux notes séparément, la première pour *R. ré* ou *ro*, roi; la seconde pour Y, première lettre du nom d'Ysis, comme l'écrivaient les Grecs. La petite ligne transversale accompagne ici le caractère d'Isis exactement de la même manière que sur la *pl.* 1. *fig.* 1. celui du Soleil, pour exprimer *roi Soleil.* On peut donc lire ici *la reine Isis*, qui s'appelait aussi Neith; et peut-être doit-on conclure de la réunion de ces caractères dans le N de l'alphabet Egyptien, qu'Isis la reine, c'était Neith.

La marque suivante est la croix du Tout combinée, non pas avec le cercle divin pour désigner l'union de l'esprit et de la matière, du ciel et de la terre, mais avec l'ovale du monde terrestre. Ce caractère, le même exactement qui sur le temple d'Isis est placé des deux côtés de la grande tête de la déesse et de son trône, pourra donc ici également représenter son domaine, tout le monde, *toute la terre.* Le trône qui suit, siège ordinaire des dieux à figure humaine, parait avec les Signes précédens designer la reine de toute la terre. Il parait surtout se lier avec l'oeil d'Osiris qui ailleurs l'accompagne si souvent, et qui surmonte ici le Carré oblong, lequel ainsi que le nombre deux qu'il représente, marque la femme; le pair; l'égal; et désigne ici peut-être la femme, la soeur, la reine d'Osiris du même trône. Il se pourra aussi que le Carré oblong, signe de duel ou de la pluralité, compose avec l'oeil la représentation du seul nom d'Osiris qui signifie, dit-on, *beaucoup d'yeux.* Dans ce cas le trône commun placé entre ce nom et celui d'Isis suffira toujours pour désigner celle-ci comme reine du roi Osiris.

Un fruit bien marqué vient après, avec un caractère qui est aussi un *N* dans l'alphabet Egyptien. Celui-ci semble représenter la même Isis et Neith dans sa qualité de *Minerva inventrix*, puisqu'un signe approchant, et qui retrace la figure des bras étendus pour recevoir, est pris ailleurs pour accueillir, recueillir. Le tout est terminé par le hiéroglyphe de l'homme que nous avons déjà vu plusieurs fois. Ces trois derniers caractères peuvent donc rendre: *trouvant le fruit pour les hommes:* ce qui était la meilleure invention d'Isis et dont le souvenir avoit consacré le nom divin le plus vénéré de la déesse *frugifera.*

On connait l'inscription de la reine Isis dans Diodore de Sicile. Un abrégé en est cité par Warburton et d'autres. J'ignore s'ils l'ont trouvé ainsi dans quelque Ancien. Rien n'est plus commun dumoins que de pareils abrégés présentant les noms divins principaux, des formules consacrées, et cela sur un côté d'un monument ou d'une statue; tandis que de l'autre la même chose est insérée dans un texte plus étendu. Voici cet abrégé des titres consacrés d'Isis appliqués à la fable qui la représente comme reine d'Egypte: Εγὼ Ἶσις εἰμί ἡ Βασίλισσα πάσης χωρας. Εγὼ εἰμὶ γυνὴ καὶ ἀδελφὴ ὀσίριδος Βασιλέος. Εγὼ εἰμὶ ἡ πρότη καρπὸν ἀνθρώποις εὕρουσα. „Je suis reine de toute cette terre (ou région). Je suis l'épouse et la soeur du roi Osiris. Je suis la première qui trouva le fruit pour les hommes." Excepté l'annonce: je suis, propre à l'inscription seule d'une Statue, c'est exactement le contenu de la nôtre. Il est inutile de rien ajouter ici sur le vaste sens symbolique de ces paroles de la langue sacrée; ou sur le pouvoir merveilleux des noms divins, adoptés pour cette cause dans les inscriptions des amulettes.

Je n'ose pas non plus accumuler les exemples de l'écriture sacrée, et que les bornes d'une lettre m'ont déjà obligé de chercher dans les inscriptions les moins étendues. Quelques erreurs ont pu se glisser, sans doute, dans ces explications qui ne s'appuyent encore que sur des secours de tout temps accessibles. Vous aurez remarqué que j'ai tâché de confirmer le sens de chaque caractère par quelque autorité. Si ces autorités en général n'étaient pas bonnes; comment soutiendront elles partout-l'épreuve des inscriptions les plus variées? Comment des caractères même universels se présentent-ils partout dans la même signification, ou pas plus variée qu'elle n'est dans les mots génériques de toute langue, dans les adjectifs et dans les images? Comment se ferait-il que des Symboles connus confirmassent le sens des caractères jusqu'ici inconnus; et que les sentences, les expressions qui résultent de la combinaison de ces signes divers, chacun connu et prouvé isolément, offrissent dans chaque inscription des termes antiques, consacrés et connus, ou qui leur sont analogues? La valeur indubitable de plusieurs hiéroglyphes et de plusieurs dans une même inscription, qui se trouvent toujours dans leur véritable place par rapport aux mots corréspondans d'un texte connu, semble confirmer également la valeur des autres caractères d'une même inscription. Cette valeur reconnue dans un endroit ne peut pas être disputé dans un autre; et une longue chaîne de preuves et de découvertes s'attachera nécessairement au premier chaînon d'un caractère connu, aux premières formules consacrées dont on a retrouvé les originaux en hiéroglyphes. Saisissez-la, je vous prie, de votre main puissante; et attendez les applaudissemens de votre etc. etc.

Quatrième Lettre.

Le 1. *Novembre* 1803.

Je vous ai laissé, Monsieur, au milieu des formules religieuses de l'antiquité. Elles méritent attention partout où on les trouve. Elles sont inappréciables pour confirmer le sens des formules hiéroglyphiques, dans lesquelles on a réussi à en trouver un. Le rituel des Sacrifices et des Mystères qui nous a été conservé sous le nom d'Orphée en contient un grand nombre; ou plutôt une liste de ces Noms divins auxquels on attachait l'opinion d'une vertu surnaturelle, et auxquels la superstition osait si peu rien changer que Jamblique reproche même aux Grecs de les avoir traduits, aulieu de les conserver dans la langue originale. On a cherché à conserver dumoins les expressions de cette langue et des hiéroglyphes; et cela à un tel point que le Grec des traductions a paru barbare et suspect à des critiques modernes.

C'était la Secte Orphique qui faisait particulièrement usage de ces traductions: qui les emplayoit dans ses Mystères et qui se soutenant, sous différens noms, plusieurs siècles après l'établissement du Christianisme, nous les a conservées. On a même cherché dans cette Secte, ou parmi les Pythagoriciens, les véritables auteurs des poëmes Orphiques Grecs. Ils n'en auront que plus fidèlement conservé la pureté de leurs originaux Egyptiens. Car le père de l'histoire parle déjà de ces deux Sectes comme ayant adopté, dès leur origine, les institutions religieuses de l'Egypte; et on connait l'exactitude scrupuleuse que l'antiquité observait dans de pareilles imitations. Dès les temps fabuleux d'un ou de plusieurs Orphées, et de Thésée on trouve des traces des Orphiques dans l'histoire greque; et les derniers parmi eux étaient des reformateurs austères qui s'efforçaient de soutenir un culte décrédité en le ramenant à sa source, à son état primitif et jusqu'à l'innocence du premier âge de la société civile. Quand l'Egypte était gouvernée par une dynastie Greque et inondée de Grecs qui finissaient par faire adopter leur langue dans ce pays; quand ensuite la Grèce et l'Egypte ne furent plus toutes les deux que des provinces d'un même Empire Romain où le culte Egyptien était universellement répandu, et quand le rituel de ce culte n'exista plus, en Egypte même peut-être, que dans la traduction Greque; il faut convenir que cette traduction dut obtenir toute l'autorité nécessaire. Il faut convenir que la dévotion des Grecs avait alors des occasions plus favorables que jamais de s'informer des rits de l'Egypte; de les imiter; ou de réformer ceux qui en dérivaient originairement, mais qui ont pu subir des changemens considérables pendant une longue suite de siècles que la communication entre les deux pays était moins ouverte. Il est donc absolument inutile de discuter la vraie antiquité des hymnes d'Orphée. On sait qu'ils existaient dans un temps où l'on pouvait vérifier à chaque instant si les Orphiques avoient tort, ou non, de prétendre que leur rituel étoit Egyptien, et de le prétendre à la face de presque tous les peuples connus, réunis sous un même sceptre, et tous connaissant le culte Egyptien.

Sur la foi de ces peuples, on peut chercher avec confiance, dans les chants Orphiques, une bonne traduction des Noms divins qu'on aura reçonnu dans les inscriptions en hiéroglyphes. Il s'en présente en foule; et nombre de ces inscriptions ne sont composées, de même que ces chants, que des noms et des surnoms des dieux. J'ai même trouvé, sous le portique du temple d'Apollon à Apollinopolis la grande, une suite de ces inscriptions accompagnant des images qui semblent répondre, et exactement dans la même ordre, aux premières invocations de la liturgie orphique; et il est remarquable que la première invocation de ce recueil porte le titre d'un Portique étant adressée à sa divinité, à celle qui préside à l'entrée des mortels dans la vie. C'est apparemment une allégorie relative à la régénération des initiés, ou de ceux qui entraient dans la vie Orphique. C'était aussi dans le vestibule du temple que devaient commencer les prières des aspirans non admis encore dans la *Celle* mystique: prières qu'ils pouvaient lire inscrites sur les murailles devant les images des divinités, et dont la connaissance devait passer sans difficulté au public. C'est là qu'ils pouvaient apprendre la *théologie des images*, ou des chants d'Orphée qui portaient ce titre dans l'antiquité.

La suite de vingt-neuf images divines sculptées sous le portique d'Apollon est accompagnée d'une pareille Théologie. Elles répondent aux premières invocations d'Orphée au même nombre; ou proprement aux vingt-sept premières qui portent le titre de *Parfums*, et qui paraissent former un recueil séparé et complet. La vingt-huitième invocation, adressée à Proserpine, étant la première qui porte le titre d'Hymne, et la vingt-neuvième adressée à Bacchus pourront encore corréspondre à notre tableau, et semblent par plusieurs indices être à leur place dans le rituel; tandis que le reste entremêlé de Parfums et d'hymnes, eſt composé de pièces isolées ou de petites suites partielles sans liaison apparente.

Ce qui ajoute à la probabilité que le recueil des vingt-sept Parfums eſt complet, c'eſt que la somme des vers de ces chants eſt exactement de trois-cent-soixante et un; ou le nombre des 360 degrés du cercle des choses, des jours de l'année présidés par leur chef unique, le soleil: *) à quoi tout ces chants étaient relatifs. Les prières des Grecs y étaient relatives, dit Proclus **); elles étaient instituées d'après le cours du soleil et les saisons, contenaient les mêmes voeux qui terminent ces chants Orphiques. Celles des Athéniens, faites d'après des formulaires consacrés, étaient consignées dans une *écriture invariable*, ou immuable, sur des tables attachées aux murailles des temples. Proclus ajoute que les hymnes étaient aussi invariables; et il cite l'exemple de cet hymne de l'Elide qui, appellant Bacchus dieu à pied de boeuf et taureau, marque assez son origine. Jamblique parle des formules symboliques des prières Egyptiennes toutes relatives au soleil et au systême du monde. Ce rapprochement était superflu pour reconnaître l'Egypte dans l'usage, dont je viens de parler, des Athéniens qui avaient tout emprunté de ce pays et de Saïs, leur métropole: usage conservé d'ailleurs par les Orientaux, autres imitateurs plus constans des anciens Egyptiens.

On peut donc s'attendre à retrouver de prières semblables,

*) Les épagomènes n'étaient pas comptés.

**) In Timaeum II.

inscrites sur les murailles des temples de l'Egypte. On peut s'attendre à retrouver les images qui étaient l'objet du rituel orphique dans un tableau du monde tracé sur un de ces temples. Au premier coup d'oeil jeté sur celui qui nous occupe, qui décore le temple du roi du ciel et qui présente les symboles des principes premiers, des élémens et des parties du monde, on remarque que ses inscriptions placées devant les images, sont au nombre de vingt-sept: le nombre harmonique du monde dans le système pythagoricien emprunté de l'Egypte; ou le même nombre qu'affectent les invocations Orphiques de la première suite, adressées à ces premiers principes et élémens du monde. On voit par le nombre différent des images et par l'arrangement, même forcé, des inscriptions que cela n'eſt pas dû au hazard.

Ces remarques qui paraissent minutieuses sont nullement indifférentes. La plus legère connoissance de l'antiquité suffit pour lever les doute sur leur solidité. Cette antiquité eſt remplie d'une affectation singulaire pour certains nombres dérivée vraisemblablement d'un systéme primitif de connaissances et d'écriture, et qui éveillait d'un côté les spéculations des Rabbins, tandis que d'un autre elle fixoit le nombre des chants des poëmes d'Homère et des livres d'Histoire d'Hérodote. Les cinquante-deux vers de l'introduction des poëmes Orphiques, relatifs au nombre des semaines; le fait positif que sa Théologie des Images était faite pour les 360 dieux des jours de l'année; plusieurs autres circonstances prouvent au reste que ces chants tenaient au même principe qui était la base de tant d'autres systèmes antiques, tous dérivés d'une même source.

La connaissance de celui des hiéroglyphes vous fera juger un jour que ces observations ont même une certaine importance. Vous allez le pressentir en comparant les invocations d'Orphée aux images et aux inscriptions du Portique du temple d'Apollon. Vous remarquerez que ces inscriptions offrent les principaux noms divins, dont presque tous se retrouvent dnns les chants corréspondans d'Orphée. Ils y sont accompagnés, il est vrai, d'un grand nombre d'autres, en partie relatifs à l'expression symbolique des images elles-mêmes; en partie ajoutées peut-être par les Grecs. Peut-être aussi sont-ils empruntés des inscriptions plus étendues qui, à en juger d'après les descriptions du Cn. Denon, doivent surmonter ces figures symboliques, dans la partie supérieure de la même frise: inscriptions qui très-probablement se rapportent à ces images. On doit regretter qu'elles avaient été séparées.

En nous bornant à ce que nous avons, et en examinant le tableau *fig.* 2. *pl.* 131. de Denon, on reconnait pour première figure, vis-à-vis la droite du lecteur, l'image informe de l'antique nuit: ainsi que je l'ai observé dans ma première lettre. Elle n'est accompagnée d'aucune inscription. Mais la moitié de son corps, où ses jambes et ses bras formés, tandis que le reste présente un squelette; ces membres humains avec sa tête divine de serpent, et les deux serpens, emblême des astres, qu'elle porte dans les mains: ces symboles sont rappelés par Orphée dont la première invocation, après celle du portique, est adressée à la nuit à demi formée, divine et terrestre, et dirigeant les astres à son gré.

L'image suivante a son inscription dont les noms divins répondent aux premiers noms de l'invocation Orphique. Je vous présente une copie de cette inscription. Mais en général je ne vous répéterai dans cet examen rapide que les premiers titres divins et les principaux, répondant aux caractères des inscriptions qui vous sont déjà connus, ou faciles à reconnaître *). La seconde offrande d'Orphée est pour le ciel, *ouranous*, qu'il appelle d'abord *père universel; partie du monde;* le monde; *maison des dieux; variable*, et *céleste* gardien qui porte dans ses mains la nécessité puissante de la nature. La seconde figure du tableau est connue. C'est la divinité symbolique du monde, tantôt l'idéal et tantôt le visible; l'Apollon Egyptien, auquel le temple était consacré; Horus ou *Or*, du nom duquel les Grecs ont formé celui du ciel, *ouranous.* *v. fig.* 20. à la vignette. Le premier hiéroglyphe de l'inscription qui l'accompagne n'est pas distinctement marqué. Mais il parait être une répétition de cette tête d'oiseau dont est surmonté le sceptre d'Horus et qui, suivant Horapollon, décorait ainsi les sceptres des dieux à cause des tendres rapports entre les enfans et les pères que cet oiseau représente. Le hiéroglyphe déjà si connu d'Horus se présente ensuite. J'ai toujours soupçonné qu'il était une partie du fameux triangle repésentant l'univers; de la même manière que le hiéroglyphe des dieux physiques est composé de deux côtés du carré équilatéral représentant la matière; ou que les deux moitiés du cercle représentent le monde supérieur et le monde inférieur. Cette conjecture parait confirmée par le second nom divin, celui de *partie du monde*, qui dans l'invocation d'Orphée

*) V. à la vignette les cinq premières inscriptions de cette suite Fig. 20. 21. 22. 23 et 24. Les images divines sont supprimées, et il faut consulter tout le Tableau dans Denon.

répond à ce second hiéroglyphe de l'Inscription. *Maison des dieux* est un titre plus extraordinaire pour un dieu; mais le hiéroglyphe si souvent répété de la maison des dieux lui corréspond dans l'inscription. Celle-ci ne contient plus que les deux lignes parallèles de la pluralité et le demi-cercle représentant le ciel et le céleste. Horus tient dans ses mains son sceptre ordinaire, mais qui est varié par des Symboles dont l'explication se trouve peut-être dans l'expression du rituel que j'ai citée. Le caractère de la nature qui décore la tête d'Isis est dumoins un de ces Symboles. Attaché au sceptre du dieu il peut signifier que la Nature est soumise à son administration. L'autre Symbole est la double ligne de la pluralité, qui pourra répondre au titre ordinairement donné à la Nature de multiforme, de variable et changeante. Ce qui, en outre de la valeur propre du caractère, le fait soupçonner ainsi, c'est qu'il est répété devant les images d'Horus et du Protogone, tous deux nommés variables dans les invocations qui leur sont adressées; c'est que ce hiéroglyphe occupe une place principale dans l'inscription du Protogone, de même que dans la treizième invocation à Rhée le titre de multiforme revient tout seul avec la mention du protogone, indiquant par là que c'était un surnom principal. *)

La troisième invocation du rituel est adressée au *feu tout puissant*, *éthéré*, *brillant d'en haut*, *dominant dans la maison élevée de Jupiter*, *partie du monde des étoiles*, *germe*, et *le meilleur élément du monde.* La troisième figure du tableau est un homme à tête nue et rasée, tenant un sceptre à la main. *fig.* 21. L'inscription

*) Le Grec employe toujours les termes symboliques πανaιολε, αἰολομορφε, πολυποικιλος, πολυμορφη etc. et le πολυ, beaucoup, traduit de notre hiéroglyphe, entre dans la composition d'un grand nombre de noms divins.

qui l'accompagne présente d'abord la pyramide du feu surmontant ce sceptre, et à côté les signes qui le caractérisent. C'est le serpent bon génie, gardien des temples, comme des maisons des particuliers; c'est au dessous de lui le demi-cercle inférieur du ciel de Jupiter, du monde des étoiles, suivi de la ligne droite désignant tout puissant et pouvoir; c'est enfin le Signe simple de l'eau qui, parmi tant de significations, désigne surtout le bon, et qui représente, peut-être, ici la meilleure chose du monde, comme dans une ode de Pindare. L'inscription se termine ainsi; mais ses deux derniers caractères sont répétés plus bas. En la commentant dans l'esprit allégorique d'un Mystagogue, mais toujours d'après des autorités positives, et en combinant les vastes significations du serpent et du caractère simple de l'élément humide avec le sens symbolique que peuvent avoir les attributs de l'image divine elle-même, je ne vois rien dans la courte invocation d'Orphée qui ne soit exprimé dans la Théologie de cette image du portique d'Apollon.

La quatrième invocation est pour le *Protogone*, le *double; l'origine des hommes et des dieux; le variable*, le caché et le manifeste; le célèbre Φανης, *qui a des ailes dorées et qui court le monde; qui dissipe les tenèbres et répand la lumière; qui est multiple sous nombre de rapports;* qui est *né d'un oeuf*, et qui est enfin *éricapée:* sans que l'on sache trop ce que cela signifie, quoique le mot paraisse avoir rapport aux jardins et à la production des plantes. La quatrième figure est nue et par-là manifeste, quoique cette beauté timide semble vouloir se cacher à la manière de la Vénus de Médicis. Elle parait bien femme, et par-là mère des hommes et des dieux manifestes dont les caractères sont placés devant elle *fig.* 22.: car l'étoile est, suivant Horapollon, le signe des dieux présens dans le monde. Ces deux caractères sont surmontés de la *double* ligne inclinée désignant la réunion et exprimant le nom de double, donné à cette divinité mystérieuse. Au dessous est le caractère de multiple, répété plus bas ainsi que dans l'invocation. Viennent ensuite l'oeil; le serpent désignant le cours des astres par le monde; les deux aîles; l'oeuf modifié et enfin un caractère lequel je ne sais pas trop s'il ne répond point au mot *éricapée.* Je n'examine pas toutes ces choses, et je me hâte. Je suis peu versé dans la doctrine profonde qui regarde le Protogone; et elle nous entrainerait un peu trop au delà de nos recherches abécédaires. Nous arrivons en Egypte comme jadis un voyageur non initié. Nous pouvons nous faire expliquer par les interprêtes des temples, le premier sens apparent et ostensible des saints symboles. Mais nous savons qu'ils cachent encore un autre sens plus étendu et secret. Fatigué de le chercher, on ne s'arrête avec plaisir qu'aux choses qui se développent d elles-mêmes.

Telle est l'image qui répond avec son inscription au cinquième Parfum. Mais je ne fais que vous appeller pour voir dans les premiers les mêmes objets dont parle le dernier, et je me bornerai à cette fonction dans la suite de la recherche qui nous occupe. Orphée invoque les *astres*, *enfans de la nuit*, et il en répète aussitôt la mention. Il parle des *sept vagabonds de l'air* et de la nuit; ou de la ceinture sept fois lumineuse que portent ces êtres *divins* et *benins*, *célestes* et *terrestres*, *dansant en rond*, *veillant la nuit et flamboyans.* Actuellement considérez la cinquième figure du rituel sculpté. Elle étend le *bras du monde* formant avec son corps l'angle droit qui représente les dieux du ciel, *bras du monde;* de la même manière que sur le temple d Isis. L'image symbolique porte à la main le bâton court de l'Apollon du Belvedère, et lequel ici du moins n'a rien de commun avec un arc. Au dessus de ce bras est placée, dans l'inscription *fig.* 23., la figure des trois côtés du Carré, représentant partout la voute du ciel, le zodiaque. Ses deux côtés embrassant l'espace sont surmontés des deux petites lignes horizontales qui dans l'inscription *fig.* 8. désignent le titre royal des lumières du ciel. Elles remplacent de cette manière les deux cercles qui dans l'inscription *fig.* 6. représentent le soleil et la lune. Car il ne s'agit que des étoiles de la nuit, des limites entre elles et le jour; et le signe d'Isis, la nuit, remplace dans le centre de la figure les représentations du soleil et du croissant; lesquelles occupent cette place ailleurs. Toute la figure est répétée deux fois, de même que dans le chant d'Orphée la mention des étoiles des deux hémisphères, enfans de la nuit. Vient ensuite le grand rond avec le signe simple de l'eau qui répond ici et ailleurs au mot grec εὔφρων. Vous remarquerez surtout la bande qui réunit sept lignes perpendiculaires dans une combinaison usitée pour représenter, compte fait et sauf erreur, tantôt les sept planètes, tantôt les douze signes du zodiaque ensemble, ou séparés de la manière que nous avons vu sur le même temple d'Apollon, et, d'après les descriptions du Cn. Denon, dans la partie supérieure de la même frise. Vous voyez que la représentation linéaire du bras plié embrasse cette figure; que le titre divin accompagne les dieux. Au dessous d'elle sont placées deux autres figures qui doivent la définir. C'est l'ovale terrestre et un caractère inconnu. L'inscription se termine par deux cercles surmontés de la petite ligne horizontale à laquelle un d'eux réunit le signe de la nuit et l'autre une représentation de flammes, exprimant ainsi, à ce qu'il parait, les divines puissances nocturnes, les divines puissances flamboyantes. Vous voyez combien tout cela répond aux noms divins que j'ai cités du chant Orphique.

Mais ici je suis tenté de Vous parler le langage d'Orphée lui-même, de Vous dire: prêtez l'oreille, o Musée! *) Votre maître chante pour la sixième fois. Il invoque *le Soleil; la suprême lumière céleste; l'illustre Titan; le père de l'aurore par la droite et de la nuit par la gauche;* le dieu qui marche; qui *roule l'immense sphère; le maître des saisons, lesquelles dansent à quatre pieds; le conducteur des hommes pieux; le dominateur du monde; le roi du monde et même l'oiseau* selon l'interprète. Levez aussi vos yeux, Myste dévot et résigné! Voyez sous ce portique la sixième divinité en marche, la seule qui porte des attributs divers et séparément dans les deux mains; qui porte des bâtons perpendiculaires dont celui de la main gauche est surmonté d'une boule noire; tandis qu'à la partie inférieure de celui de la main droite est attachée une boule blanche. Est-ce la nuit et l'aurore? Car plusieurs écrivains parlent d'un pareil mode de représentation. Mais vous ne demandez point quel est, dans l'inscription *fig.* 24., ce globe qui verse ses rayons immortels sur le monde. Vous reconnaissez le soleil. Vous connaissez l'homme qui est dieu. Vous connaissez les autres figures; la croix divine **) des pieux initiés, et l'oiseau dominateur assis sur le monde et sur la ligne du roi.

La septième invocation est pour la *lune, reine et déesse qui*

*) *μάνθανε δὴ, μουσαῖε* etc.

**) La croix surmontant le cercle obtient ce titre, d'après l'usage. Ce hiéroglyphe est même conservé encore dans le cercle environnant une tête humaine pour désigner un sainit, *divus.*

veille et court la nuit, mais *qui a une marche rétrograde;* qui est *très-sage;* qui *voit tout;* qui est *environnée d'étoiles;* qui est homme et femme. La septième figure du tableau conserve, par la délicatesse du corps et par sa coëffure commune avec le protogone, l'équivoque du sexe. Elle est courbée de la même manière qu'on représentait quelquefois l'Isis assise, à cause de la figure du croissant à laquelle Orphée fait allusion. Mais elle ne porte point d'attributs dans les mains. Ses bras fatigués reposent; et le groupe des grands dieux agissant par eux-mêmes est terminé. La lune est placée entre eux et le monde sublunaire qui va suivre. L'inscription devant cette figure présente d'abord la plume, emblême des puissances célestes, accompagnée d'un caractère de la très-grande Isis, la lune. Viennent ensuite le serpent emblême du cours des astres; les deux serpens qui représentent les étoiles des deux hémisphères; l'oeil de la sagesse qui voit tout, et l'écrevisse célèbre pour sa marche rétrograde. Cette inscription ainsi que l'hymne offrent une particularité *), que vous saurez apprécier quand vous serez entré dans la *Celle* mystique.

Aussi ces détails de la Théologie de l'antichambre sacrée commencent-ils à vous ennuyer. Orphée et les Hiérophantes l'ont prévu. Pour abréger la chose, le premier s'adresse à la nature en masse: la nature sublunaire dont la place est ici, et ensuite à Tout, à *Pan*, dont les membres sont le ciel, la mer, la terre et le feu immortel. Les seconds ont fait sculpter deux figures gémelles à tête rasée et sans bras; et ensuite quatre figures représentant les élémens en mouvement, ou dans leur emploi en ce monde comme membres agissans de Pan, et grandes parties du tout.

*) νυκτὸς ἄγαλμη.

Je ne puis que suivre des exemples aussi respectables. Je n'appellerai ici votre attention que sur le nombre des caractères placés devant ces groupes, sur les inscriptions du premier surtout, extrêmément remarquables et paraissant s'éloigner du chant d'Orphée, et enfin sur deux particularités seules. La première c'est qu'Orphée dans son invocation à la nature lui adresse les titres de fin infinie et d'intrônisée; et qu'un caractère justifiant l'explication que j'ai donnée de la ligne finie de l'étendue, ainsi que le trône particulier des dieux se trouvent dans les endroits correspondans de l'inscription. La seconde c'est qu'Orphée en s'adressant à Pan et à l'eau, dans l'ordre du tableau, dit que la base de la terre se tient debout, ou est assise sur cet élément: idée qu'il répété dans la seizième invocation adressée à Neptune, en priant ce dieu de conserver le fondement de la terre, ou son *siège;* car il emploie un mot qui dérive du verbe *s'asseoir*. Or dans l'inscription du tableau qui accompagne la figure représentant la mer comme membre actif de Pan, le carré de notre terre est surmonté de l'angle de l'eau répété en deux figures l'une sur l'autre, pour désigner l'eau *polygone:* deux angles exprimant, comme on sait, beaucoup d'angles, de même que ce mot grec. Au dessous de ce carré de la terre est placé l'homme assis, désignant que la terre est dans son *assiette*, ou *rassise* sur sa base, par la même image que les hiéroglyphes méxicains employent pour désigner une ville *assise* sur les bords d'une prairie, et que la langue française a aussi adoptée. Dans la figure du tableau qui répète plus haut l'image de l'eau, mais comme dieu-principe, répondant au Neptune de la seizième invocation, ces trois caractères de l'eau, du carré de la terre et de l'homme assis reviennent tous seuls; mais avec cette différence que l'homme n'est plus assis au dessous de ce caractère de la terre, mais à côté et avant lui.

Cette variante répond à celle des invocations, desquelles la première suppose la terre assise sur sa base, comme le tableau le présente à l'oeil; tandis que la seconde prie Neptune de rasseoir la terre sur cette base, de l'y soutenir; tout comme le désigne la position de la figure à portée d'agir sur elle. On voit que ce titre, le seul donné à Neptune dans la dernière inscription, était son nom divin principal. Il répond, en effet, à celui qui est employé par Homère quand il parle de ce dieu ébranlant les fondemens de la terre. Je suppose que cette particularité qui éclaircit aussi la méthode des hiéroglyphes, ne vous laissera pas de doute sur les vrais originaux des surnoms des dieux employés par Orphée et par Homère, tous les deux regardés comme Egyptiens par plusieurs Savans de l'antiquité.

L'auteur des invocations Orphiques indubitablement sorti des écoles de l'Egypte, s'adresse ensuite à l'Hercule Egyptien, le Soleil; à Kronous et à Rhée, la mère des dieux qui aime les montagnes et qui est assise, comme il le chante ailleurs, au milieu du monde. Cette mère des dieux est assise, et seule assise au milieu de notre tableau du monde. La forme d'une montagne parait au dessous d'elle.

Mais avant elle, et dans l'ordre du rituel, on voit le père des dieux et du temps, dont la figure répond aux titres que lui donne Orphée relatifs à ses membres robustes, à sa main puissante etc. titres parmi lesquels sont ceux des γενάρχα et ἀγκυλομητα, dont la copie de Denon est le meilleur commentaire. Parmi les premiers noms qu'il lui donne sont ceux d'éternel et de bon, ἀιδιέ τε, ἐΰφρων: et la petite inscription aux pieds du dieu contient précisement le cercle de l'éternel, avec le simple signe de l'eau qui répond au bon. Ce sont les deux caractères que nous avons vu dans les *phylactères* du temple du dieu bon et éternel. Ils surmontent ici l'oeil et le carré oblong exprimant *beaucoup d'yeux;* ou le nom d'Osiris, comme nous l'avons aussi déjà vu. Cette petite inscription contient ainsi: l'*éternel et le bon Osiris.* Observez que si le rituel orphique offre deux Parfums à ce dieu sons les noms d'Hercule et de Saturne, son image a aussi deux inscriptions, dont celle que je viens d'expliquer dans une position unique, et placée avant l'image répond aux titres dans le commencement de la première invocation. L'autre inscription se confond, d'une manière aussi unique, avec celle d'Isis: double arrangement qui ne semble être fait que pour borner le nombre des inscriptions supérieures à vingt-sept, ou le nombre des invocations, et de l'harmonie du monde dont le rituel fait mention.

Après ces dieux, les chants Orphiques invoquent Jupiter, Junon, Neptune et Pluton, le terrestre, qui donne les riches fruits de l'année et dont l'image correspondante porte sur la tête le boisseau affecté à Sérapis. Car le tableau répète, et toujours dans le même ordre des invocations, les quatre élémens; mais ils sont, de même que dans le rituel, des dieux supérieurs, des principes, des élémens célestes, les immobiles, sans mouvement et sans action corporelle, puisqu'ils sont sans bras et qu'ils ont les jambes réunies en piédestal. Je vous ai déjà fait connaître une des inscriptions. Les autres sont aussi courtes ne contenant que les principaux surnoms de chaque divinité. Celle de Jupiter semble présenter ceux de *dieu et roi très-honoré et impérissable*, qui sont les premiers mots de l'invocation. Vous voyez que la ligne perpendiculaire, emblême des dieux purs, est placée sur le demi-cercle qui dans le Sanctuaire, au haut du trône et en toute place d'honneur supporte le symbole du dieu très-haut.

Cette figure est répétée deux fois avec le signe de la pluralité ou de beaucoup, répondant ainsi à Πολυτιμε. Le serpent impérissable placé au dessous, et la petite ligne horizontale du roi, sont des caractères déjà connus. L'image de Junon n'est accompagnée que de l'étoile des dieux présens dans le monde.

Mais il faut se hâter; et on ne peut par conséquent tout expliquer, quoique la même briéveté soit observée dans toutes les dernières inscriptions qui correspondent aux invocations Orphiques au même nombre. Ces parfums sont offerts au tonnère et à la foudre que l'image correspondante porte sur sa tête; aux nuages; à la Mer; au Nérée; aux ondes; au Protée; à la terre; à la mère des dieux et à Hermès. Les premières de ces divinités sont celles que tous les peuples sauvages ont adorées, et auxquelles étaient consacrées différentes divisions des grands temples du Mexique et du Pérou. Cela prouve assez l'antiquité du culte dont le temple d'Apollon et le rituel Orphique sont des monumens également précieux. C'est dommage que l'inscription de Protée et une autre soient perdues. L image qui leur succède immédiatement et qui répond à l'invocation Orphique adressée à la terre, porte l'ovale emblématique de la terre sur sa tête de lion: modèle vraisemblablement des lions de Cybèle. L'inscription prait rendre le premier verset du Parfum, ou désigner *la mère divine des bienheureux du ciel et du monde.* Ses caractères vous sont déjà connus, et la valeur de celui des bienheureux, des justes, se trouve ici confirmée. L'image d'après, qui répond au Parfum de la *mère de dieux*, porte sur sa tête le double emblême des dieux, la plume et le Serpent-basilic. L'inscription contient le caractère d'Isis, mère des dieux, et dont le nom signifie mère, selon quelquesuns. Ce caractère est accompagné du rectangle désignant les dieux, surmonté d'un caractère inconnu, mais qui signifie probablement immortel.

Enfin la dernière image est celle d'Hermès, jeune homme à tête rasée portant une coëffure qui lui est particulière, et allant monter l'escalier qui conduit par quatorze degrés à la présence de la divinité suprême, du roi de l'univers. Cette image a devant elle le demi-cercle céleste, et ensuite le caractère qui dans la dédicace de ce même temple d'Apollon et dans celle des obélisques de Thèbes désigne le *très-grand.* Il n'est cependant pas angulaire dans cet endroit, mais il offre la variante arrondie du *Shima* de l'ancien alphabet Egyptien. Il embrasse trois petits cercles rangés sur une même ligne et pouvant exprimer tout simplement le nombre trois, comme dans les hiéroglyphes Mexicains; mais aussi, d'après l'usage ordinaire, *trois fois divin.* C'est donc exactement le titre du *trismégiste*, trois fois très-grand et divin. Le caractère de très-grand avec une modification qui doit ajouter à sa signification, et un cercle seul sont ensuite répétés. On peut donc lire toute l'inscription: *le céleste, trois fois très-grand et divin, le très-grand . . . et divin.*

Ceci ne se trouve point dans le chant d'Orphée, qui s'occupe de tout ce qui est désigné par l'action de l'homme divin montant vers la divinité et conduisant les autres à sa suite. Cette petite différence, et le nom *trismégiste* remplaçant celui d'Hermès dans le rituel Grec ajoutent, selon moi, aux preuves que les images, objets de ce rituel, et ses originaux sont retrouvés.

La suite de ces images, cet alphabet des *élémens du monde*, commencé avec *Athor*, finit ici avec *Taut.* Ici se termine aussi la première suite des invocations Orphiques qui portent le titre de Parfums: parfums offerts aux images dans le parvis du temple.

Orphée s'adresse ensuite à Proserpine, déesse des Mystères, et dans un *Hymne*, le premier du recueil, qu'on chantait apparemment dans le Sanctuaire, ainsi que l'invocation adressée à l'Osiris Grec. Les objets symboliques de ces chants sont au haut de l'escalier, où un ceptre royal supporte le croissant et par dessus lui l'oeil d'Osiris. Macrobe et d'autres parlent de cette représentation du Soleil, ou d'Osiris, roi de l'univers; en faisant aussi mention du lieu éminent qui était consacré à ce Symbole vénéré, et conservé dans des églises chrétiennes. Il est remarquable que l'image d'Isis, la lune dans le centre du tableau porte à la main droite ce Signe mystique de l'oeil de la providence, le même qui est monté sur le croissant du Sanctuaire; et que l'hymne adressé à Proserpine commence par dire qu'elle porte dans sa main droite les choses sacrées, ἱερα. L'invocation à Bacchus a des rapports pareils avec l'image centrale d'Osiris. Parmi d'autres noms elle lui adresse ceux de triangle et mâle: c'est sur quoi l'image ne laisse pas lieu à des doutes.

On sait qu'Osiris et Isis, symboles du ciel et de la terre comprenant tout, l'étaient aussi de tout, et répondaient au Panthéon entier de l'Egypte et de la Grèce. Un rayon de lumière perce à notre horizon. Mais le sujet de l'écriture sacrée elle-même est trop vaste pour permettre qu'on s'occupe encore des matières qu'elle traite. Je ne ferai donc aucune application aux différentes mythologies, ni à la Cosmogonie de Sanchoniaton, quoique ses fragmens mutilés offrent le même sujet et plusieurs noms semblables, une suite de personnages allégoriques au même nombre, et une suite commençant par Ouranous et finissant par Taut.

Je suivrai encore moins l'exemple d'illustres savans et de Théologiens orthodoxes, en retraçant les conformités des Systèmes Orphique et Egyptien avec le premier chapitre de la Genèse; et dans lesquelles ils ont cherché les preuves que les premiers étaient dérobés du second; ou dumoins que leur doctrine commune était celle des premiers pères inspirés du genre humain, transmise par les Noachides à leur dernière postérité. Vous remarquerez vous-même que dans cette rapresentation du monde et de ses principes et causes premières, le ciel et la terre sont les héros de la pièce occupant le centre, le plan avancé du tableau. Dans son commencement vous voyez les tenèbres, l'antique nuit, la Matière à demi formée. Vous remarquez ensuite la divinité du jour séparée de celle de la nuit; la lumière primordiale qui précède le Soleil matériel, et on dirait même les eaux d'enhaut et les eaux d'enbas séparées par l'espace entre deux. Ce sont là les deux premières figures, qui sont accompagnées d'une inscription. La troisième est la mysterieuse et la manifeste φανης: celle qui a *paru*, et qui avec son oeuf, ou sa figure de la terre poussant des herbes et avec son signe corréspondant à *Ericopée* semble répondre à la création qui *parut* le troisième jour avec ses productions. Les étoiles, le Soleil, la lune, la terre avec tout ce qu'elle produit, se succèdent dans le même ordre, ou dans la même répétition apparente.

J'entrerai aussi peu en détail sur les quatre animaux et les vingt-quatre anciens de l'Apocalypse, qui s'avancent devant le trône. Je ne vous parlerai point de la *voie des bienheureux* *); et je ne vous ramenerai pas de ce tableau à celui qu'offraient les Mystères dont les assistans représentaient le monde, ses principes, ses parties et son origine. Mais vous voyez combien cette représentation étoit simple et facile; et le Protogone y a dû jouer le rôle principal du récipiendaire. Ici c'est l'adepte qui parait dans les Mystères réels de la creation. C'est l'ame qui parait sous la forme d'une femme nue, timide et en prières **), telle que devaient se présenter les personnes du sexe pour l'initation dans les Mystères de Cérès. On voit d'où sort cette ame et comme elle descend, dans l'ordre exact de la doctrine mystique, par le zodiaque, par le soleil et par la lune dans ce monde sublunaire et des élémens. On voit comment elle va remonter de *l'autre côté du ciel et de la terre*, et finalement, par quatorze degrés de connaissances des principes divins vers le siège de l'Osiris immortel, de la providence ſouveraine de l'univers. On voit que c'est Hermès qui la conduira vers ces degrés; et le vrai sens du Mercure *conducteur des morts* parait éclairci. Vous savez que l'ame humaine n'est ici que l'image de l'ame du monde faisant la même route.

Je vous dispenserai entièrement de voir liées à ce tableau, attachées à cette *chaîne d'Apollon* les doctrines astronomique, physique et morale; où même le Système des Hiéroglyphes les embrassant toutes. Car tout cela se liait dans le tableau harmonique du monde, comme l'affirme positivement un Ancien, et comme il est assez facile de le voir. J'observe seulement que le centre du tableau au-dessus de la tête d'Isis, reine de la nature, est occupé par cette Ibis et par la figure modifiée de ce cercle appelé oblique, lesquels, dans les

*) η μακαρων ὁδος. **) *Pſyche.*

deux genres divers de matériaux pour l'écriture sacrée avaient fourni, suivant Clément d'Alexandrie, le principe du nombre, de la pensée et de la mesure. J'observe que ces deux caractères à la tête des inscriptions réunies d'Isis et Osiris, sont répétés dans les deux colonnes d'inscriptions placées devant les images gémelles et symboliques de la nature sublunaire *). Cela vous fera juger du reste. Vous reconnaîtrez vous-même les détails que j'ai supprimés, et d'autres conformités entre le tableau et les Chants Orphiques pour le moins aussi surprenantes que celles que je viens d'exposer.

Si cependant cette longue exposition des mêmes objets dans les deux expressions diverses d'une même doctrine n'indique aucune liaison entre eux, mais au contraire une rencontre fortuite; un tel exemple des effets du hazard, et qui n'a point son pareil dans l'histoire mérite toujours votre attention. Ainsi je vous invite à spéculer sur les combinaisons du hazard, ou à faire vous-même l'application du rituel aux images qui en étaient l'objet. Je ne veux pas croire aux rapports que j'ai apperçus, si vous n'en reconnaissez point. Je ne veux pas les chercher s'ils ne se présentent pas d'eux-mêmes. Je me méfie de la méthode de chercher une inscription pour un texte donné. Elle pourra conduire à des illusions. J'ai cru devoir suivre une marche opposée en traduisant ces inscriptions seules, qui au premier coup d'oeil offrent un sens par la signification connue de chacun ou de la plupart de leurs Caractères. Si une inscription traduite de cette

*) Il faut se rappeller qu'Apis représentant Osiris devait avoir 29 marques, ou autant que les images de notre tableau. Il ne pouvait vivre que 25 ans; et c'était là le vrai nombre secret, caché aussi dans ce tableau: le nombre des membres retrouvés d'Osiris, symbole de l'univers.

manière se trouve avoir rapport à quelque texte connu, ce texte me parait propre alors à en confirmer le contenu. C'est ainsi que j'ai retrouvé les premières inscriptions traduites, dans le texte antique d'une prière Egyptienne à laquelle je ne songeais pas auparavant. Je croirais même, si le Monument de Rosette est jamais donné au public, de devoir ainsi traduire ses hiéroglyphes nécessairement d'une autre espèce, quoique leur conformité avec le texte Grec ne puisse pas être douteuse.

En général, et avant la publication de ce Monument aucune autre pièce ne semble pouvoir offrir pour la confirmation des caractères les plus interessans, le même avantage que les morceaux liturgiques. Aucune sans doute ne peut réclamer une plus haute antiquité. Ces rits et ces cérémonies surtout observés aux enterremens et aux noces, auxquels le peuple attache une si grande importance, ont traversé presque intacts les bouleversemens des empires, les changemens du culte. Dans le fond du Nord on jette encore, et par trois fois, de la terre sur le cercueil des morts qu'on enterre; et qui défendra jamais de prononcer ces paroles imposantes: tu es venu de terre et tu retourneras en terre? Ces considérations et plusieurs autres ne me laissent que peu d'espoir de trouver jamais un morceau ni plus antique, ni plus simple, ni plus avéré comme positivement et uniquement Egyptien, que la prière pour les morts et leur justification traduites originairement des hiéroglyphes, et dont je crois avoir reconnu les textes originaux.

Cet aveu est naïf. Vous n'en aviez pas besoin pour juger que je n'ai pas, certes, la prétention de déterrer le trésor caché des hiéroglyphes, quoique mon zêle puisse me conduire un jour à aider à la fouille. De pareilles prétentions n'appartiennent point à un homme qui n'a, ni ne peut avoir aucune teinture d'érudition. Mais ce zêle de l'ignorance, s'il ne manque pas tout-à-fait de succès, ne peut qu'inspirer aux Savans le juste espoir d'une réussite complette. C'est là l'objet de mes voeux. J'en forme aussi pour votre bonheur. Veuillez les agréer etc. etc.

F i n.

Apostille.

Je me reproche, Monsieur, de ne vous avoir communiqué aucun monument proprement historique. Ceux de cette espèce sont rares encore. La planche 118. *fig.* 4. de Denon offre deux inscriptions réunies, trouvées au Memnonium de Thèbes sur une statue fragmentée. Elles sont tracées sur des tables sacrées, posées sur un tétragone, couronnées comme des divinités, et environnées des deux aspics, ayant, en un mot, tous les caractères des *phylactères* qui portent les noms et les surnoms des dieux, et des rois traités en dieux.

Excepté un seul, leurs hiéroglyphes vous sont connus. La table vis-à-vis votre droite offre d'abord la crosse pastorale, désignant un berger comme le sceptre désigne un roi: crosse portée en sceptre par un roi victorieux dans les planches de Denon, et que nous avons vu signifier gardien sur le temple d'Isis. C'est le *pasteur des peuples* d'Homère; les rois nommés bergers dans la Bible et dans le mot célèbre echappé de la langue sacrée de l'Egypte. On traduit aussi ce mot, pasteur, par celui qui nourrit: le bienfaisant du monument de Rosette: le surnom connu d'Evergète donné à des rois d'Egypte.

Le hibou de la sagesse, la ligne du roi et le demi-cercle du monde vous sont familiers, ainsi que le titre de *roi du monde* qui résulte des deux derniers, et qui est donné à des rois dans l'obélisque d'Hermapion et dans le monument de Rosette. On pourra lire cette inscription: *le pasteur*, ou *le roi bienfaisant, le sage roi du monde.*

La seconde table contient le cercle du Soleil, le hiéroglyphe de l'aurore exactement tel que dans la *fig.* 24. expliquée dans ma lettre de ce jour, et enfin un pot. Euchère dit que le pot désigne, dans la Bible, fils, descendant, progéniture, l' εκγονος d'Hermapion et du monument de Rosette. Il en dit les raisons, et Pierius en cite des exemples. On doit donc lire ici: *fils du Soleil et de l'Aurore;* ou dans l'ancienne langue de l'Egypte le nom d'un de ses Princes, car on sait que leurs noms exprimaient ordinairement q'uils étaient fils et descendans, prêtres ou adorateurs de telle divinité: le saint de leur fête, pour parler le langage de nos jours.

On pourra aussi lire, peut-être, *fils de la divine aurore;* mais non pas: le divin fils de l'aurore. La grandeur du cercle et sa position semblent s'y opposer, ainsi que deux autres exemples du cercle du Soleil combiné avec le pot dans la *fig.* 6. de la même planche de Denon. Dans une de ces dernières inscriptions, le noeud d'amour, ou le lien, est placé entre le Soleil et le pot: car cette image commune de toutes les langues était aussi adoptée par celle des hiéroglyphes. On pourra donc lire ici: *le fils bien-aimé du Soleil* etc. ou *le bien-aimé, le fils du*

Soleil: titres donnés aux rois dans l'obélisque d'Hermapion et dans le monument de Rosette.

Je ne reviendrai aux premières inscriptions que pour vous rappeler que le nom de Memnon le désignait comme fils de l'Aurore; que sa statue était élevée à Thèbes dans un des édifices qu'on a décoré du nom Memnonium; que nos inscriptions sont prises sur une statue brisée de ce Memnonium. Serait-ce la vraie statue de Memnon brisée par Cambyse?

Il suffit d'appeler votre attention sur le bas-relief historique de la planche 133. *fig.* 3. de Denon, présentant un roi monté sur son char: bas-relief décrit, avec d'autres qui l'accompagnent, par Diodore de Sicile, comme appartenant aux édifices construits par Osymandyas et réprésentant sa guerre contre les Bactriens revoltés. Cet historien a même traduit les deux inscriptions du tableau, dont les hiéroglyphes sont à peu près ceux des sauvages américains. Vous lirez l'inscription inférieure, toujours en commençant à droite: *Le trois fois roi, roi des rois, chef de* tant de *cent et* 25 *multitudes d'hommes, semblables aux torrens dévastateurs, l'adorateur d'Isis,* ou Ismandes, *commandant deux fois* 10 *mille chevaux,* contre les Bactriens qui précèdent le char, les bras liés, et dans leur costume Asiatique.

Vous connaissez la plupart de ces caractères: le cheval n'a pas besoin d'explication. Vous connaissez encore mieux les chiffres arabes accompagnant ce cheval, ainsi que le signe des multitudes armées. Leur haute antiquité, aussi dans leur emploi comme signnes numériques, obtient ici sa dernière preuve. Le 25 est très distinctement marqué; mais pour marque de centaine on voit une petite ligne horizontale. Je ne sais si ce signe numérique a souffert, ou si les Egyptiens, comme les Arabes de nos jours, écrivaient quelques chiffres d'une autre manière que nous. Diodore dit que, suivant ce tableau, Osymandyas commandait dans l'expédition contre les Bactriens 400,000 fantassins. On peut rabattre de la somme, ou supposer 125 brigades d'infanterie formant ce nombre. Les deux 10 assez bien marqués qui accompagnent le cheval, sont placés l'un au dessus de l'autre: ce qui peut être une manière de marquer vingt-mille, ou le nombre des chevaux que commandait Osymandyas, selon Diodore citant ce monument même de la manière qu'il en cite plusieurs autres, et en faisant mention de leurs *interprètes*. J'ai traduit le Signe simple de l'eau par multitude, car l'eau a cette Signification dans la bible qui contient le dictionnaire des hiérogly-glyphes de ce genre. L'eau y désigne même particulièrement ces multitudes armées qui inondent un pays comme un torrent et le dévastent. Le nom de ce Signe de beaucoup d'angles, ou *polygone*, qui est le nom de l'eau dans le Style Orphique, exprime d'ailleurs par lui-même une multitude, une *légion*.

Au-dessus des têtes des chevaux du char, vous voyez les *quatre grandes divisions de l'armée* dont parle Diodore, et les *fils* du roi qui les commandaient, *les rois trois fois Commandans*, ou *Omr-al'omrah*, *commandans des commandans des troupes à cheval*, qui est répété dans cette inscription supérieure, ainsi que la plume distinctive du chef encore une fois, l'eau des multitudes etc. Les fils sont marqués par cette *oie*, très-distinctement sculptée, qui suivant Horapollo I. 53 était le Symbole de fils.

Les deux oiseaux d'Osiris et d'Isis qui volent au dessus de la tête du roi comme ses génies protecteurs, expriment peut-être le nom d'Osymandias, puisque tel était l'usage Américain analogue à d'autres modes symboliques de l'Egypte, et qu'on prétend que son nom peut se dériver de ceux des ceux divinités, ses patrons. C'est pour la même raison que la figure assise au milieu de l'inscription inférieure, en masque sacerdotal d'Osiris, et tenant en main le saint symbole d'Isis m'a paru exprimer le nom de leur adorateur, d'Osymandias.

Une pareille figure exprimera le même nom dans l'inscription *pl.* 118. *fig.* 7. de Denon, prise sur les ruines de l'immense statue, la plus grande de l'Egypte, dit aussi Diodore qui la la désigne comme étant celle d'Osymandias, qui donne la mesure même du pied que nous voyons sur les planches de Denon, et dans la même proportion que ce Citoyen. Mais cette inscription du moins ne contient point de rodomontade. Elle parait dire que *le roi des rois*, serviteur *divin de la reine Isis*, *divin adorateur de la Nature a consacré le temple aux dieux bons*, *dominateurs de l'univers.* De pareilles figures munies d'autres Symboles se trouvent dans des obélisques, sculptées sur des tables et accompagnées de la formule ordinaire: *fils du Soleil immortel*, *bien-aimé de Phta* ou *que le Soleil et qu'Apollon aiment.* La figure de notre inscription peut donc représenter un adorateur de la nature, et cet *Abd'ullah* Egyptien exprimera Ismandés ou *Asemandés*, au cas toute-fois que je ne sois pas ici en erreur: ce dont je ne réponds pas, car l'antiquité confondait les dieux et les rois, surtout dans l'écriture Sacrée *tropique*, et rien ne ressemble plus à un dieu qu'un roi divinisé depuis des milliers d'années.

Mais ces explications, plus ou moins justes, sont interminables, et il faut cependant finir. *Ut in litteris.*

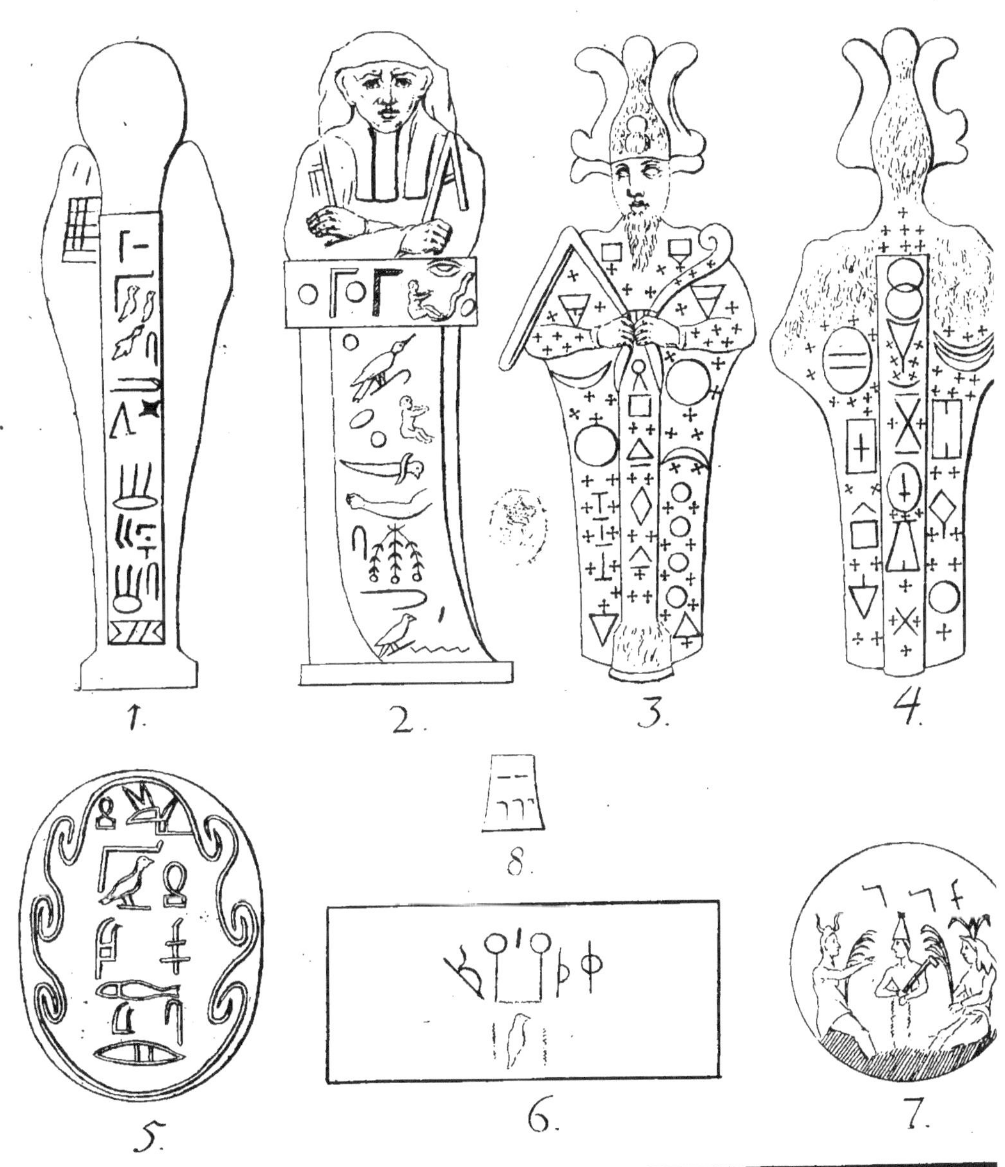
1.
2.
3.
4.
8.
5.
6.
7.

Pl. 2.

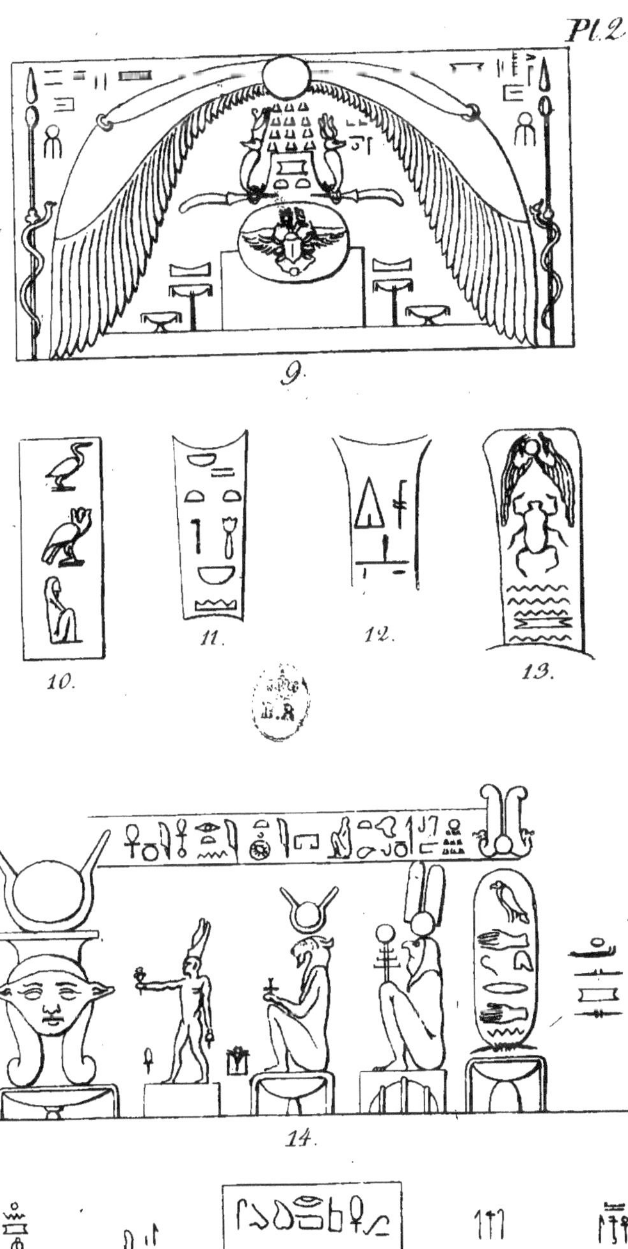

9.

10. 11. 12. 13.

14.

15. 16. 17. 18. 19.

E r r a t a.

Page 5. *Ligne* 18. *aulieu de* Hycsor ou Hacsor *lisez* Hycsos ou Hacsos. — *P.* 17. *L.* 8. *aulieu de* mes *lis.* me. — *P.* 19. *L.* 10. *aulieu de* le tems *lis.* les tems. — *P.* 20. *L.* 7. *aulieu de* leur voix, *lis.* leur roi. — *P.* 21. L. 15. *aulieu de* de devoir, *lis.* de voir. — *P.* 22. *L.* 5. *aulieu de* et est, *lis.* est. — *P.* 23. *L.* 8. *aulieu de* dans des autres *lis.* dans les antres. — *P.* 23. *L.* 15. *aulieu de* ces progrés *lis.* ses progrès.— *P.* 26. *L.* 7. *d'enbas, aulieu de* apperçues *lis.* apperçus. — *P.* 29. *L.* 7. *d'en bas* effacez : la — *P.* 32. *L.* 2. *aulieu de* ces nom etaient donnés au compagnons *lis.* ces noms étaient donnés aux compagnons. — *P.* 36. *L.* 11. *aulieu de* le témoignage *lis.* un témoignage. — *P.* 39. L. 10. *aulieu de* Nazin *lis.* Nazir. — *P.* 39. *lin.* 13. *aulieu de* hareni *lis.* harem, — *P.* 44. *L. dern. aulieu de* forme *lis.* formule. — *P.* 48. *L.* 15. *aulieu de* conservé et le dessin *lis.* conservé est le dessin. — *P.* 57. L. 6. *d'enbas, aulieu de* cérémonie *lis.* créonomie. — *P.* 57. *L.* 5. *d'enbas, aulieu de* inités *lis.* initiés. — *P.* 59. *L.* 6 *et* 7. *aulieu de* tracées, surmontées, *lis.* tracés, surmontés. — ;*P.* 60. *L.* 6. *aulieu de* commes *lis.* comme. — *P.* 63. *L.* 17. *aulieu de* d'après usage, *lis.* d'aprés l'usage. — *P.* 64. *L.* 18. *aulieu de* de historien, *lis.* de l'historien. — *P.* 74. *L.* 6. *d'en bas, aulieu de* disputé, *lis.* disputée. — *P.* 88. *L.* 12. *aulieu de* répété, *lis.* répète.

Le Lecteur voudra bien excuser ces fautes typographiques vû l'éloignement du domicile de l'Auteur, de l'endroit où cet ouvrage a été imprimé, qui en outre traite des matières assez étrangères à un grand nombre de compositeurs et de correcteurs.

www.ingramcontent.com/pod-product-compliance
Lightning Source LLC
LaVergne TN
LVHW020332230826
846091LV00003B/846

* 9 7 8 2 0 1 2 8 8 4 7 1 7 *